自我——你最昂贵的敌人

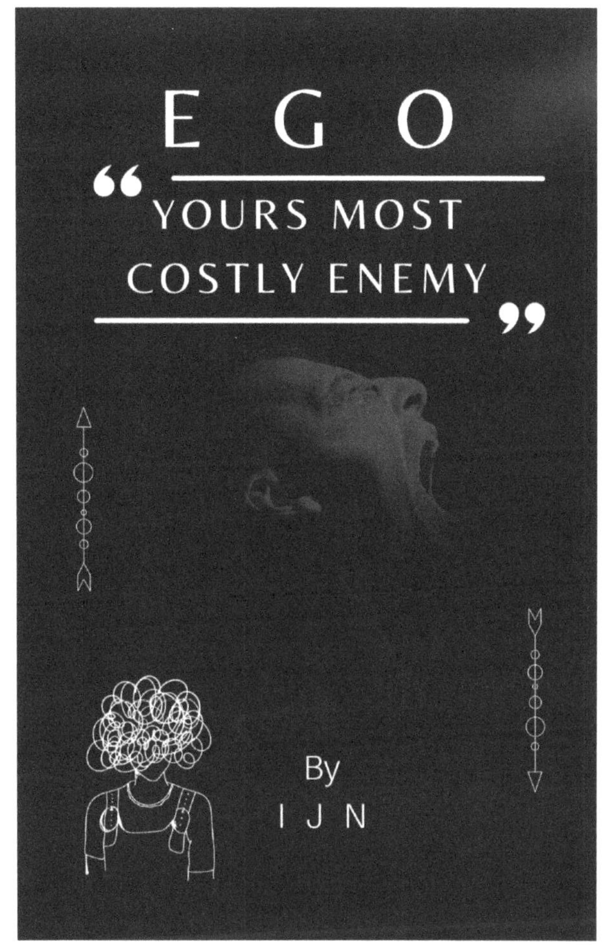

自我——你最昂贵的敌人

英德拉吉特·纳亚克

印度
2023年

内容

第一章：令人痛苦的序幕

这本书不是关于我的，而是关于我的。然而，由于这是一本关于自我的书，我必须解决一个我在生活中某个时刻必然闪过的问题。

我是谁来写它？

我的故事对于接下来的课程可能并不重要，但我想提供一些背景知识。在我短暂的一生中，我经历了人类的全部情感：渴望、成功和失败，这一切都在快速接连发生。

十九岁时，我感觉到一些难以置信的、改变生活的机会，我决定从大学退学。导师们竞相吸引我的注意力，并将我培养成他们的门生。作为一个注定要做大事的人，成功来得很快：作为比佛利山庄一家人才管理机构最年轻的高管，我帮助与几个主要摇滚乐队签约并合作，然后继续为几本销量数百万美元并创造了自己的文学流派的书籍提供建议。

21 岁时，我开始在 American Apparel（全球最热门的时尚品牌之一）担任策略师。不久之后，我成为了它的营销总监。

二十五岁时，我出版了我的处女作——一本立即引起争议的畅销书，封面上显着地出现了我的脸——很快就成为一本有争议的畅销书。不久之后，一家电影公司选择了一部有关我生活的电视节目的版权。随着时间的推移，我积累了许多成功的标志：影响力、平台、媒体报道、资源、金钱，甚至一些恶名。后来，这些资产帮助我建立了一家盈利的公司，与高薪客户合作，同时所做的工作为我赢得了在会议或高级活动中演讲的邀请。

成功常常不可避免地会带来修饰自己叙述的冲动。点缀并增添神话色彩。一个关于与一切困难进行艰苦斗争的弧线故事可能会在这里发挥作用：睡在地板上，被父母抛弃，为我的野心而受苦等等。
作为讲故事的一部分，运动员经常创作叙事，其中他们的才能成为他们身份的基石，而成就则被视为价值的象征。

但这种类型的故事从来都不是诚实的或有帮助的。当我今天早些时候告诉你们时，我方便地省略了许多部分——例如压力和诱惑；令人反胃的滴剂；错误——所有的错误——都被排除在剪辑室之外，转而专注于制作精彩片段。这些时候我宁愿不去谈论：当我尊敬的人在公共场合公开斥责我并给我带来如此痛苦，以至于我后来需要急诊室治疗时。"当我的勇气耗尽，我决定不能继续在老板的公司担任编辑时，我告诉他我无法忍受并要返回学校——而且是认真的——这是那一年许多难忘的事件之一.其他包括畅销书的短暂任期只有7天(实际上是5天)。一个人出现在我的签售会上，我创办的书在签售会上撕碎了，但后来又被重建了(两次)。这些时刻经常发生在查看已编辑的汇编时看不到。

这张更全面的肖像仍然只是一个快照，但至少它捕捉到了更多重要的东西——至少从本书的角度来看：野心、成就和逆境。

我不相信顿悟。没有一个单一的时刻可以改变一个人；相反，有多个时刻。然而在 2014 年，这些顿悟似乎不断发生。

首先，美国服装公司(American Apparel)——我曾在那里完成了大部分出色的工作——负债累累，濒临破产边缘，并因被自己的董事会毫无预警地解雇而沦落到睡在朋友的沙发上。。接下来是我的人才经纪公司，在那里我被欠钱的客户无情地起诉，然后我的另一位导师突然解体，我们的关系也随之破裂。

我的生活就是围绕这些人建立的。那些我尊敬并一起训练的人。他们的稳定性——经济上、情感上、心理上——对我的存在和自我意识至关重要。然而在这里，它们都在我眼前一个接一个地倒塌了。

当他意识到这不是他们想象的那样时，事情很快就开始瓦解。从一生都想成为某个人，到意识到他们与你的目标不同，这可能是相当不和谐的——这是任何人都无法做好的准备。
就连我也未能幸免于这次解散。就在这看起来最不可能的时候，我忽视的问题开始在我自己的生活中浮现出来。

尽管我取得了巨大的成功，但我发现自己回到了出生的城市，压力很大，工作过度，由于金钱和危机局势，我放弃了大部分来之不易的自由。任何干扰都会让我陷入无法平息的愤怒之中，让曾经愉快的工作变得费力；我对自己和他人的信任土崩瓦解；我的生活质量也是如此。

经过几周的旅行并且很少回家后，当我在路上度过几周后的一天终于回到家时，我经历了一场强烈的恐慌，因为我的 Wi-Fi 无法使用 - "如果这些电子邮件没有通过。……然后呢？"如果我的电子邮件没有发送。如果发生这种情况……那么怎么办？"……

当社会奖励你时，你相信自己做的是正确的事；但后来你未来的妻子因为你个人的变化而离开了。

怎么会发生这样的事情呢？是否有一天我们会感觉自己站在巨人身上，然后又是另一天，当我们试图从多次爆炸中解救出来，并从它们的毁灭中捡起碎片时？

好处之一是，它让我直面自己的毒瘾。不是说，"哦，他只是工作太多了"，或者是"放松一下，玩玩就好"，而是更多的形式，"如果他不开始参加会议并尽快清理干净，他就会早死"。我认识到，像许多其他人一样，让我成功的一切都是有代价的；我的动力和强迫在我的自我意识中扮演了如此重要的角色，感觉就像监狱一样；创造了一个无尽的痛苦和挫败感的跑步机，在打破之前需要解释 - 否则就会发生悲剧性的结果。

作为一名研究员和作家，我多年来研究历史和商业。就像任何人类的努力一样，当长时间观察时，普遍的主题开始浮出水面，我对围绕利己主义的问题特别感兴趣。

我长期以来一直在研究自我及其影响。事实上，当我现在所叙述的事件发生时，我已经花了近一年的时间为这本书进行研究。然而，我在这段时间内的痛苦经历让这些想法以我以前从未预料到的方式得以体现。
自我让我目睹了它的负面后果，不仅是在我个人或整个历史上，而且在我的朋友、客户和在多个行业担任高层职位的同事身上。自我给我敬佩的人们造成了数亿美元的损失，因为它使他们偏离了目标——就在他们认为自己已经实现了目标的时候——就像西西弗斯本人所做的那样。现在至少我自己已经看到了那个悬崖之外。

当我意识到自己的自我实现时，我就纹上了"自我是敌人"这句话。虽然其来源尚不清楚（可能是我几十年前读过的一本旧书），但这些话很快为我的生活提供了安慰和方向。在我的左臂上（出处同样可疑），另一个纹身写着"障碍就是出路"，为生活中的决策提供日常指导：游泳、冥想、写作或只是每天早上洗完澡——它们都提醒我在出现的每种情况下选择正确的路线！

我写这本书不是因为我觉得有资格传授任何智慧，而是因为这本书恰好可以在我人生的关键时刻为我提供帮助。在这些时候，回答人生两个最深刻的问题至关重要：我是谁，我将走哪条路（quod vitae sectabor iter）

因为这些问题是永恒的、普遍的，只有这篇笔记是例外，所以我决定在本书中依靠哲学和历史例子，而不是个人叙述。

历史书上可能会讲述一些有远见的强大人士的故事，他们用看似非理性的力量塑造了自己的愿景，但我发现历史也是由那些在每一个转折点与自我作斗争、避免成为聚光灯、并把自己置于更高地位的人创造的。目标先于个人认可。参与和讲述这些故事是我学习和同化的方法。

与我之前的书一样，这本书深受斯多葛哲学和所有伟大的古典思想家的影响。就像在生活中一样，我在写这本书时很大程度上借鉴了他们的智慧。任何成功都将来自他们而不是我自己！如果有什么对你有帮助的话——感谢他们而不是我！

德摩斯梯尼曾经说过，美德始于理解，终于勇气。我们必须首先以新的眼光看待自己和世界；然后，努力保持独特性，同时保持与众不同就变得很重要——这可能是一项具有挑战性的工作；我不主张镇压或镇压所有不同意你世界观的人；相反，我们应该努力接受所有观点作为有效观点。
不要让自我主宰你的生活；道德故事的存在可以帮助我们认识到这样做是不可能的或诱人的。这些提醒只会激发积极的改变。

亚里士多德用人性比作扭曲的木头来比喻人性。为了避免翘曲或弯曲，熟练的木工会缓慢地向相反方向施加压力，以将其拉直。不幸的是，康德在 1788 年说过："人类的弯曲木材永远不可能变得笔直"。我们可能永远无法达到完美，但至少努力走向更直的道路。

一开始，感觉很特别、被赋予力量或受到启发会感觉很好，但这不是本书的重点。相反，我的目标是安排这些页面，这样你就可以达到我写它时的样子：也就是说，你身上投入的自我形象更少，也从你讲述的那些阻碍你成就世界的故事中解放出来。-改变你想要实现的工作。

第 2 章:简介

首先, 不要欺骗自己;欺骗自己已经够困难的了！

——理查德·费恩曼 也许你很年轻, 而且雄心勃勃。或者也许你的野心已经失败了。或者也许您已经赚到了人生的第一个几百万, 签署了第一份合同, 并在财务上变得安全。

您最近是否签署了第一份合同, 被选入精英团队, 或者已经取得了足以让您受益终生的成就？高层似乎空空荡荡, 这或许已经击中了要害。或者您是否负责带领他人度过紧急情况。或者也许你的老板刚刚解雇了你, 或者你自己跌入谷底。

你最大的对手已经存在于你的内心:你的自我。

"没有人会称我为自大狂！"你可能认为自己是一个相当平衡的人, 但对于那些有抱负、才华、动力和必须实现的潜力的人来说, 自我常常存在。使我们成为有前途的思想家、实干家、创意家和企业家的因素也使我们容易受到心理阴暗面的影响。

弗洛伊德心理学家用类比来解释我们的自我。弗洛伊德说, 我们骑在它上面, 就像我们在骑马一样, 无意识的驱力代表着我们需要通过自我主义者的视角来引导动物, 将自己视为骑马者;相反, 现代心理学家将此类人称为"自我主义者", 这意味着有人危险地专注于自己而不考虑其他人;这些定义都可以是准确的, 但在临床环境之外的价值有限。

自我可以通过多种方式来定义;其中一个定义是:对自己重要性的不健康信念、傲慢和自私的野心——这些都符合本书对自我膨胀的定义——这是每个人内心深处的孩子, 优先考虑自己的方式而不是任何事情或任何人别的;需要超越任何合理的理由而被认为比以往任何时候都更好、更伟大或更有价值。自我指的是一种超越天赋或信心限制的过度膨胀的优越感和确定性。

正如橄榄球教练比尔·沃尔什(Bill Walsh)指出的那样, 当我们对自己和周围环境的看法变得过于宏大而不利于自身利益时, 我们对自己和世界的看法就会变得扭曲。当我们对自己的感觉开始变得过于膨胀而无法被现实所证实时;当自信变成傲慢, 自信变成固执, 自信变成鲁莽的放弃时——那就是我们的自我开始像地心引力一样攻击现实的时候。作家西里尔·康诺利(Cyril Connolly)警告说, 我们的自我"会像重力一样把我们吸下去", 因此存在危险。

自我阻碍你实现愿望和实现：掌握一门手艺、发展创造性洞察力、与他人良好合作、在团队成员之间建立忠诚度和支持、重复过去的成功同时保持长寿——它会排斥优势和机会，吸引敌人和错误并且同时是斯库拉（Scylla）和卡律布狄斯（Charybdis）！

我们大多数人可能不认为自己是"自大狂"，但我们的自负仍然是我们在生活中遇到的许多问题和障碍的核心——从为什么我们不能获胜到为什么胜利常常需要将成功归因于别人的牺牲，从想要我们尚未拥有的东西到为什么拥有它似乎对我们个人没有任何改善。

没有人这么看；我们大多数人将我们的问题归因于某人或某事（通常是其他人）。正如 2000 年前罗马诗人卢克莱修 (Lucretius) 所指出的那样，我们倾向于将自己的疾病归咎于其他事情，而不是自己。正如卢克莱修所说，"病人不知道自己患病的原因"。对于成功人士来说尤其如此，他们的自我蒙蔽了他们的双眼，看不到需要做什么，因为他们所看到的只是已经取得的成就的结果。

当我们追求自己设定的每一个目标和抱负时，无论大小，自我似乎总是成为阻碍。

富有创新精神的首席执行官哈罗德·吉宁 (Harold Geneen) 将利己主义比作酗酒："与酗酒不同，利己主义者不会跌跌撞撞、把桌子上的东西摔落、结巴或流口水；相反，他们会变得越来越傲慢；有些人将这种行为误解为权力或自我的表现。 -自信——他们错误地将这种态度视为某人拥有权威或自信的标志；这些人经常错误地将他们的傲慢视为权力或自信的表现——没有意识到它已经蔓延或正在从内部杀死他们。"

根据戒酒互诚协会早期成员的定义，自我可以被描述为告诉我们我们比实际情况更好的声音，从而通过在我们自己和外界之间制造人为障碍来阻碍真正的成功。自我也会破坏真正的成功，因为它阻止通过直接渠道与成功建立诚实的联系。自我阻碍了真正的成功，因为它制造了障碍，阻碍了你自己和周围事物之间的直接接触——准确的描述是"有意识地与所有事物分离"，所有事物意味着涉及我们自身内部发生的相互作用的各种关系。与我们周围的人直接和诚实地建立诚实的联系 - 从而通过间接渠道阻碍真正的成功，阻止我们与周围的一切和我们周围的一切进行诚实的接触 - 在处理我们周围的生活环境时，自我通过维持自己的自我而受到阻碍，有时会在我们内心造成分离，导致我们与周围的人与曾经真实的事物脱节，因为否认我们自己和周围的人之间的诚实接触，以及我们周围的人通过有意识地与一切事物分离而体验真正的成功，从而排除了所有可能性与存在于你周围的一切事物以及存在于你之中的一切事物的介入，发生一种有意识的分离，因为你有意识地与它意味着的东西分离……

分离会以多种方式产生负面影响：如果我们在彼此之间设置障碍，我们就无法与他人有效合作；如果我们缺乏理解，我们就无法改善自己或世界；如果无法进入，则无法接受或提供反馈。

作为个人，我们常常无法或不感兴趣听取外部消息。如果不听外面发生的事情，我们就不会认识到机会，也不会创造机会，所以我们生活在自己的幻想中，而不是看到摆在我们面前的东西。如果不与他人的能力进行比较，准确地评价自己，我们就会缺乏信心，反而陷入妄想；当我们因与自己的需求脱节而无法满足他人的需求时，我们该如何接触、激励或领导他人呢？

玛丽娜·阿布拉莫维奇明确指出："对自己的信仰会导致创造力的消亡。"

舒适感可以让自我蓬勃发展：在体育、艺术或商业领域做出出色的工作可能会令人畏惧，而自我通过舒缓恐惧和消除不安全感来提供缓解。通过用自我专注和情感主张取代理性思维，自我在我们想要的时候给了我们我们想要的东西。

但这种解决方案可能只能提供短期缓解，但会产生持久的后果。

自我始终存在；现在已经得到加强。

现在，我们的文化比以往任何时候都更加鼓励过度膨胀的自我。说话、自吹自擂从来没有这么容易过。现在，我们可以向数百万粉丝和追随者吹嘘我们的目标——以前只有摇滚明星和邪教领袖才能实现这一目标。 Twitter 使我们能够关注我们崇拜的偶像并与之互动，还可以通过书籍/网站/TED 演讲提供灵感和验证（甚至还有一个应用程序）。有了这些平台，我们就可以任命自己为只存在于纸面上的公司的首席执行官；在社交媒体上宣布重大新闻，并观看祝贺如潮水般涌来；发表曾经被认为是中立来源的文章。

我们中的一些人比其他人更多地从事这种行为；这只是程度问题。随着技术日新月异，在我们找到人生目标时，拥抱我们的个性并重视它变得越来越重要。

人们经常听到一些建议，要胸怀大志、生活大方；"敢于担当"，在历史上留下我们的印记。许多人认为，成功需要拥有类似于公司或冠军球队创始人所持有的包容性愿景（但他们真的是这样吗？）我们在电视上看到成功人士的冒险精神，他们在追求成功的过程中热切地尝试在自己身上采取这种态度。个人成就。

我们经常将相关性误认为是因果关系，而实际上并不存在相关性。相反，我们将成功的症状误认为是其实际表现，将其副产品误认为是其原因。

自负对某些人来说可能有用，因为历史上许多最具标志性的人物都是著名的自负主义者。然而，我们生活在一个鼓励这种行为的环境中，但这种行为往往往会损害他人的利益。我们所处的环境促使我们在盲目赌博时谨慎行事，而不考虑所涉及的风险。

无论你去哪里，你的自我都会跟随。

在生命的任何阶段，人们通常都会陷入三个阶段之一。我们可能正在努力对我们是谁做出有影响力的声明，或者试图在社会上留下自己的印记；或者也许我们已经经历了部分或全部的成功——无论是轻微的还是重大的；或者相反，我们最近或连续失败了。大多数情况下，这三种状态是流动共存的——我们要么渴望成功，要么成功来敲门，直到失败，要么我们可以开始渴望，或者在失败后再次成功——对大多数人来说都是如此。

在任何成长和恢复的道路上，自我都可能是敌人，特别是在转型或困难时期。虽然一开始事情可能会进展得很快、很顺利，但当生活变得困难或发生巨大变化时，事情往往会变得崎岖不平。

因此，本书分为三个部分：Aspire。征服。和复活。

成功。失败。
这种结构的目标很简单：它的目的是在坏习惯扎根之前帮助抑制自我，在经历成功时用谦逊和纪律取代骄傲，并培养韧性，这样当失败再次袭来时，我们就不会被它打败。简而言之：这种结构旨在让我们所有人：更多。

谦卑是我们的目标，恩典是我们的成功
面对失败时保持韧性
这并不意味着你不是独一无二的，并且在你在地球上短暂的一生中可以做出一些惊人的贡献。这也并不是说没有空间去突破创意界限、发明或感受灵感，或者瞄准真正雄心勃勃的变革和创新；相反，为了负责任地做这些事情并承担风险，我们需要平衡；贵格会教徒威廉·佩恩 (William Penn) 曾经说过："裸露的建筑物需要坚固的地基。"那么现在怎么办？
你手中的这本书是在一个前提下写成的：你的自我不会在每一个转折点向你提出自己的要求；你的自我不会在任何时候都向你提出自己的要求。相反，它是可以管理和指导的。

本书仔细研究了威廉·特库姆塞·谢尔曼、凯瑟琳·格雷厄姆、杰基·罗宾逊、埃莉诺·罗斯福、比尔·沃尔什、本杰明·富兰克林、贝利撒留、安吉拉·默克尔和乔治·C·马歇尔等有影响力的人物，以评估他们的自我是否会阻止他们完成自己的目标。拯救摇摇欲坠的公司，推进战争战略，整合棒球，彻底改变足球进攻，勇敢地面对暴政或勇敢承受不幸，而没有他们的现实感和意识——作家和战略家罗伯特·格林建议我们所有人这样做——他们所取得的一切成就都是不可或缺的——编写、设计、向消费者推销的艺术作品，或者使这些领导者发挥出色的艺术写作、设计商业策略或领导角色的领导能力，他们将自己的才能和意识贡献到了他们在自己的职业生涯中所取得的一切成就中。各自的寿命。

当我们研究这些人时，我们发现他们的做法脚踏实地、谨慎且诚实。虽然没有人完全没有自我，但他们知道何时以及如何在必要时包容或压制自我——确实是伟大而谦虚的人。

等等，但是某某拥有巨大的自我并取得了成功？史蒂夫·乔布斯或坎耶·维斯特呢？

有时，我们可能会试图通过将异常值视为可接受行为的例子来为不良行为辩护。但没有人能通过自我陶醉或与世隔绝而获得真正的成功——即使这些特质可能与某些知名人士有关；其他特征也会出现，包括成瘾、虐待（自己和他人）、抑郁和躁狂。对这些人的研究表明，当他们抵制冲动、紊乱和缺陷时，他们的工作表现会最好。只有摆脱个人包袱，任何人才能发挥最大的效能。

作为我们研究的一部分，我们将关注霍华德·休斯、波斯国王薛西斯、约翰·德洛林和亚历山大大帝等人，他们与现实脱节，并展示了自我是多么危险。我们将调查他们所吸取的代价高昂的教训——尤其是通过痛苦和自我毁灭——并研究为什么即使是成功的人也经常在谦逊和自负之间摇摆不定，从而一路制造问题。

一旦我们剥去自我，剩下的就是真实的：谦逊——尽管是坚如磐石的谦逊和自信。虽然自我只能是暂时的、转瞬即逝的，但这种自信会随着时间的推移而发挥作用，并具有更重要的意义。自我只能被偷走，而是被赢得；必须赢得信心。
自封的领导者往往流露出自信，但诡计多端。一个人接近你，而另一个人则在煤气灯下；这就是有效与有毒的区别。

正如您将在接下来的几页中看到的那样，这种自信促使一位谦逊且被低估的将军成为美国内战期间最重要的战士和战略家。第一次世界大战后，自我把另一位将军从权力和影响力的位置上拉下来，让他陷入贫困和耻辱。另一位则把一位安静的德国科学家变成了一位和平的推动者，而不仅仅是另一位领导人。其中一个故事描述了二十世纪两位才华横溢、大胆的工程头脑，以及他们的职业生涯如何在失败、破产、丑闻或精神错乱之前蓬勃发展。其中一支球队在三个赛季内带领一支最差的 NFL 球队进入超级碗，后来又组建了橄榄球史上最伟大的王朝之一。与此同时，许多教练、政治家、企业家和作家克服了类似的困难，但随着时间的推移却倒退并交回了控制权。

有些人学会谦卑，而另一些人则选择自我。有些人已经为命运的积极和消极结果做好了准备，而另一些人却没有。你会做出什么选择，你会成为谁？

您购买这本书表明您相信随着时间的推移，无论是有意还是无意，回答这个问题将变得越来越紧迫。

那么我们就到这里了——让我们开始谈正事吧！

第3章：渴望

在ASPIRE，我们踏上了旅程。每一次伟大的旅程都从这里开始——但由于自我问题，许多人永远无法到达预定的目的地：用幻想故事来构建自己，告诉自己事情将会如何伟大，或者相信我们知道一切，却看到这一切在我们面前失败，却不明白为什么；这些自我过度膨胀的症状需要谦虚和现实来治愈。
他们说，有信誉的外科医生在给自己做手术时拥有大胆的双手。但那些揭掉掩盖自己行为缺陷的自欺欺人的面纱的人同样勇敢地对自己进行手术。

——亚当·史密斯和克里斯汀·斯佩尔曼
公元前 374 年，雅典最重要的教师和修辞学家之一伊索克拉底给一位名叫阿尔喀比亚德的无名年轻人写了一封公开信。

德莫尼库斯在父亲去世后结识了伊索克拉底，因为伊索克拉底是德莫尼库斯已故父亲的熟人，并想分享关于追随他的脚步的建议。

伊索克拉底提供了从实用到道德的各种建议——所有这些建议都以崇高的格言的形式提出，并成为未来岁月的戒律。

德莫尼库斯和我们大多数人一样雄心勃勃。因此，伊索克拉底劝告他反对他的野心，因为这条道路可能充满危险。他建议德莫尼库斯不要佩戴除谦虚、正义和自我控制以外的装饰品，因为这些美德确保了年轻人的克制。建议使用自我控制，以免屈服于适度的快乐和痛苦的感觉——伊索克拉底建议德莫尼库斯不要奉承奉承者和欺骗者；两者都会伤害那些信任他们的人。”

他劝他“与近者相处要友善，不要傲慢，傲慢连奴隶都难以忍受”。此外，要缓慢地深思熟虑，但要快速地执行你的决心，因为良好的判断力是我们最重要的资源之一；时刻训练你的智力；它确实是人类最伟大的资产之一。”

伊索克拉底的一些建议我们可能听起来很熟悉。两千年后，它出现在威廉·莎士比亚的作品中，作为对过度自我的警告。莎士比亚甚至在《哈姆雷特》中以伊索克拉底的信作为灵感，他的角色波洛尼乌斯向雷欧提斯发表了慷慨激昂的演讲，并以伊索克拉底信中的这节诗作为结束语。
不惜一切代价，忠于自己。

正如白天过后是黑夜一样，反之亦然。

不欺骗任何人；不要对任何人撒谎。

这个季节我向你致以最美好的祝愿！

威廉·特库姆塞·谢尔曼后来成为美国最伟大的将军和战略思想家之一，他在美国服役期间经常引用莎士比亚的文本，例如伊索克拉底的演讲。尽管他可能从未直接见过伊索克拉底，但他对伊索克拉底戏剧的钦佩给他留下了深刻的印象，并多次引用了伊索克拉底本人的这段话！

和德莫尼库斯一样，谢尔曼的父亲在他很小的时候就去世了，这让他在没有成年人可以寻求指导和保护的情况下变得脆弱不堪。即将成为美国参议员的托马斯·尤因 (Thomas Ewing) 承担起照顾谢尔曼的职责，就像照顾自己一样。尤因收养并抚养谢尔曼作为自己家庭的一部分。

让谢尔曼引人注目的是他的崛起：没有人能够预测到除了地区成就之外的任何事情，更不用说采取拒绝担任美国总统这样的严厉措施了。随着时间的推移，谢尔曼的地位稳步上升。不像拿破仑，他突然出现又消失得那么快。

谢尔曼早年就读于西点军校，后来参军。在服役的几年里，谢尔曼骑马穿越了美国大部分地区，从他经历的每一次任职中获取知识。内战爆发后，谢尔曼迅速向东前往提供服务，并很快被部署在布尔朗，这是一次令人尴尬的联邦失败。谢尔曼利用领导力严重短缺的机会被提升为准将，并被要求与林肯总统及其高级军事顾问会面。谢尔曼在访问期间与林肯自由地计划和制定战略，但在访问结束时提出了一个不同寻常的要求：只有在林肯保证不需要指挥其他部队的情况下，他才会接受晋升——这是大多数其他将军所要求的；林肯爽快地答应了。

谢尔曼现在对自己排名第二感到满意。他欣赏自己作为一个个体，并认为这个角色最适合他。想象一下，一个雄心勃勃的人因为觉得自己没有做好准备而拒绝了晋升的机会。这看起来真的很奇怪吗？
谢尔曼并不总是克制和秩序的缩影。战争初期，当他被指派用不足的部队保护肯塔基州时，他的狂热和怀疑倾向以一种爆炸性的方式结合在一起。在抱怨补给不足和对敌人行动的偏执的同时，谢尔曼打破了状态，并向几名报纸记者发表了不雅的评论，导致他被暂时召回指挥部——需要几周的休息才能再次完全恢复状态。这标志着他原本成功的职业生涯中许多近乎灾难性的时刻之一。

谢尔曼在这次短暂的失误后留下了自己的印记，并从中吸取了教训，强势反弹。例如，在多纳尔森堡围攻期间，他的官方军衔相当于尤利西斯·S·格兰特将军，但他没有下达命令，而是欣然支持和增援他，而不是亲自下达命令。谢尔曼寄来一张附有物资的便条，告诉格兰特这场演出是他的；请致电我寻求我能提供的任何帮助；他们共同赢得了联邦在战争中的第一场胜利。

基于他过去的成功，谢尔曼提倡他现在臭名昭著的向大海进军——这是一个大胆的计划，不是基于灵感的闪现，而是基于确切的地形，而这些地形曾经作为年轻军官侦察和研究的前哨基地，看起来无关紧要且毫无意义。作为年轻军官职责的一部分。

谢尔曼曾经谨慎，现在充满信心。与许多雄心勃勃的人不同，谢尔曼通过精心策划从查塔努加到亚特兰大，然后从亚特兰大到大海的旅程中的每一步，赢得了这种尊重，而没有参加一场又一场传统的战斗。任何学习军事史的学生都可以看出，类似的出于虚荣而不是目的的入侵很可能会产生截然不同的结果。

他利用自己的现实观点找到了一条在其他人看来不可能的穿越南方的选择。他的机动战方法包括有意避免正面攻击或通过激战来展示力量。并无视任何旨在引发反应的批评；因此，他坚持到底并执行他的计划，而不理会旨在激起的批评。

第一次世界大战结束时，谢尔曼已成为美国最著名的人物之一，但他并没有竞选公职或涉足政治的野心；他唯一的愿望就是做好自己的工作，然后在服务完成后退休。谢尔曼对随之而来的赞扬和关注不以为然，他警告格兰特这个未来："要小心。"
自然而诚实，容光焕发的你就像夏日里的海风。"

谢尔曼的一位传记作者为我们提供了关于他和他的成就的令人难以置信的概述。从而使他成为我们这一阶段上升的榜样。

获得名誉和领导地位的人可以分为两种类型：生来就有自信的人；以及那些通过实际成就而信心缓慢增长的人。对于后一种人来说，成功往往是一份意想不到的礼物——它的果实更加令人愉悦。然而，在这种挥之不去的怀疑中，隐藏着真正的谦虚——不是不真诚的自我贬低，而是希腊语中的"节制"——泰然自若，而不是故作姿态。

一个人应该问自己这样一个问题：如果我对自己的信心不是依赖于实际成就，那么它的基础是什么？可悲的是，当开始时，答案可能往往是什么都不是，或者是我们的自我。这也解释了为什么往往会先急剧上涨，然后急剧下跌。

那么你想成为哪一种类型的人呢？

和我们所有人一样，谢尔曼在青年时期的生活中必须平衡天赋、野心和强度。他在管理这些方面的成功为他后来改变生活的成功做出了巨大贡献。

虽然这听起来可能令人困惑，但这并不奇怪：虽然伊索克拉底和莎士比亚希望我们成为自足、自我激励、受原则统治的个人，但我们中的许多人接受的训练却并非如此。我们的文化价值观常常鼓励人们依赖对权利的验证；父母们花了几代人的时间来建立自尊，而公众人物则专注于激励、鼓励并向我们保证我们可以做任何我们想做的事情。

事实上，这使我们变得脆弱。是的，即使你拥有作为天才男孩或风云人物的所有才华和潜力；我们理所当然地认为你有前途；这就是为什么你能进入现在就读的名牌大学，为你的企业获得资金，被聘用或晋升，并接受你所遇到的任何机会——正如欧文·柏林所说，"人才只是起点——现在的问题在于如何有效地使用它。"
你会充分利用它，还是会成为自己最大的敌人？

你会扑灭刚刚燃起的火焰吗？

我们在谢尔曼身上看到的是一个脚踏实地、与现实联系在一起的人。他白手起家，取得了伟大的成就，但他并没有以任何方式觉得自己有资格获得这些成就。相反，他经常听从别人的意见，并且非常满足于为一支获胜的球队做出贡献，即使这意味着他自己的荣耀或名声会减少。不幸的是，一代又一代的年轻男孩只了解皮克特壮观的骑兵冲锋，而谢尔曼作为一个平庸的现实主义模型被遗忘，或更糟糕的是，被攻击为一个不那么有价值的人。

有人可能会说，能够客观地评估我们的能力是至关重要的。没有它，进步是不可能的，我们的自我使这项任务在每一个回合都变得越来越具有挑战性。虽然专注于自己的才能和优势可以让人感到安慰和愉悦，但这样做只会延缓成长，同时助长傲慢、自我陶醉、幻想或"愿景"。

在这个阶段，重要的是练习从客观的立场看待自己，培养超然的态度作为自我的解毒剂。让自己在工作中投入情感很容易——任何自恋者都可以做到；伟大工作的区别在于谦逊、勤奋和自我意识。

你的作品必须反映真理才能具有任何意义或持久；因此，要超越短期趋势，就要做好长期发展的准备。

我们会发现，虽然我们的目标可能很崇高，但为了实现它们，我们必须行动起来，生活得更小。通过优先考虑教育而不是认可和地位，我们的雄心不会是宏伟的，而是迭代的——一步一步，随着时间的投入而成长。

由于他们的攻击性、强度、自我专注和不断的自我推销，我们的竞争对手常常没有意识到，他们的攻击性行为损害了他们作为个体的地位，从而危及了他们自己的努力（更不用说他们的心理健康了）以及集体的努力。我们将挑战这两个神话：缺乏怀疑或内省的自信天才和为工作牺牲健康的痛苦艺术家；这两个人似乎与现实脱节，同时又与周围的人隔绝——通过深深地联系、意识到并向我们周围的一切学习！

丘吉尔明智地提出，事实胜于梦想。

尽管我们与许多人有着共同的伟大愿景，但我们实现这一目标的道路却与其他人截然不同。跟随谢尔曼和伊索克拉底踏上走向伟大的旅程，我们明白自我只会让事情变得更糟;成功应该增强我们而不是削弱我们。

第4章：谈谈谈谈

知道的人不说话。

无论谁发言，都不一定掌握所有相关信息。

--LAO TZU

厄普顿·辛克莱 (Upton Sinclair) 在 1934 年著名的加州州长竞选期间采取了一个非常规的步骤：出版了一本题为《我，加州州长和我如何结束贫困》的短书，作为其竞选文献的一部分，详细介绍了在实际获胜之前作为州长制定的所有政策办公室！

辛克莱利用他非常规竞选活动中的这一非常规举措，充分利用了辛克莱作为作家的关键资产：他比其他政客更直接地与选民建立联系的能力。虽然他的竞选活动在出版这本书时一直是遥遥无期且几乎不可行，但观察家立即看到了它的影响 - 不是对选民，而是对辛克莱本人！凯里·麦克威廉姆斯后来在谈到辛克莱的州长竞选失败时写道，"厄普顿似乎对竞选不再抱有兴趣，因为他生动的想象力已经发挥了他作为州长'我，加州州长'的角色……所以为什么还要麻烦呢？"

辛克莱是一位非凡的作家。然而，他的竞选活动惨败。辛克莱以超过 10 个百分点的差距(超过 25 万张选票投给了他)，在这可能是第一次现代选举中彻底失败。所发生的事情是很清楚的——辛克莱在竞选期间言辞过早，而他们的决心在公众看法的影响下变得不成比例地动摇了；他的书成为畅销书，而竞选活动很快就变得遥遥领先，选民无法理解其中的含义；许多政治家也写书来保持他们的公众形象。这种事经常发生。

每个人都面临着阻碍进步的诱惑：空谈和炒作可能会取代所采取的行动。Facebook 询问用户"您今天有什么想法？立即撰写帖子！"。

Twitter 为我们提供了加入对话的机会：Tumblr、LinkedIn 以及您刚刚阅读的文章的评论部分都提供了新的推文供我们发送。
空白处需要填充关于我们下一步计划做什么以及我们对未来的希望和愿望的想法、照片和故事。技术会问你问题、刺激你并发起对话。

我们在社交媒体上的表现几乎总是积极的；我们更有可能对自己的处境以及我们自己和他人的进展情况持乐观态度。不幸的是，这很少反映现实——有时被告知他们需要帮助，或者他们也在苦苦挣扎，所有需要解决的事情或者只是推迟到另一次，当有更紧迫的问题(例如财务问题）需要处理时。

在任何旅程的开始，我们往往会感到既兴奋又紧张。所以我们寻求外在的安慰而不是向内寻找。每个人都拥有无意识的一面，就像工会一样，不一定是恶意的，但仍然寻求尽可能多的公众认可和关注，做尽可能少的工作——我们将这一面称为他们的"自我"。

艾米丽·古尔德——真正的汉娜·霍瓦斯！——在她出版小说的两年努力中意识到了这一点。尽管她收到了六位数的合同报价，但她发现自己陷入了困境，因为她花了太多时间上网。

2010年大部分时间都在翻滚、发推特和刷屏上度过——这些事情并没有带来任何现金，但确实感觉像工作；我的习惯只能通过各种理由来证明是合理的，比如建立我的品牌或写博客（甚至"策划"别人的帖子也算作创意活动！）。博客也是我创造力的唯一出路！

简而言之，她做了我们许多人在面对艰巨的项目时所做的事情：她尝试了一切，而不是专注于手头的事情。整整一年。真正需要写作的小说却迟迟未完成。
正如她所感叹的那样，对她来说，谈论写作比付诸行动本身更容易。她并不是唯一一个这样的人：最近有人出版了一本名为《写我的小说》的书，其中收录了显然没有写小说的作者在社交媒体上发布的帖子。

写作可能很困难；就像许多创造性的行为一样，它常常让我们对自己以及似乎未完成或不充分的材料感到沮丧和愤怒。我们从事的许多有价值的努力都需要耐心和勤奋——从创办新企业到掌握特定的工艺——但说起来很容易，而且似乎总是值得去做。

我们的社会似乎认为沉默是软弱的表现，被忽视等于自尊的死亡，所以我们不断地说话，好像沉默是一件坏事或不可接受的事情。因此，我们反而不停地说话，好像安静意味着示弱，被忽视意味着死亡（这对个人来说往往是正确的）。因此，我们进行无休止的讨论，就好像沉默会显示出软弱，或者被整个社会视为软弱。
正如克尔凯郭尔在他的一本哲学著作中所警告的那样（具有讽刺意味的是，他非常不喜欢一本：报纸及其喋喋不休），仅仅八卦会引发真正的讨论，而大声说出未说出口的内容会阻止采取行动并进一步削弱行动。

谈话可能具有潜在的诱惑力：任何人，包括儿童，都可以说出自己的想法；大多数人都擅长炒作和销售策略；不常见但更罕见的是沉默：能够故意不参与对话，同时在没有得到验证的情况下生存；沉默可以提供只有自信和坚强的人才能获得的安慰。

谢尔曼实践了他所宣扬的：除非绝对必要，否则永远不要为你的想法或行为给出理由；"你可能会在适当的时候找到更好的解释。"棒球和橄榄球传奇人物博·杰克逊作为一名奥本运动员设定了他想要实现的两个目标：赢得海斯曼奖杯并在 NFL 选秀中获得第一顺位。他向谁讲述了这件事？只有他的女朋友。

战略灵活性并不是在别人说话时保持沉默所获得的唯一优势。心理学也发挥着重要作用，赫西奥德清楚地理解了这一点，他说："一个人最大的财富在于经济的语言。"

谈话正在耗尽我们的精力。说话和做事都在争夺有限的资源。研究表明，虽然目标可视化可能是有益的，但随着时间的推移，我们的大脑开始将其误认为是真正的进步。事实证明，用语言表达具有挑战性的问题也会显着降低洞察力和突破性。在花了这么多时间思考、解释和讨论一项任务后，我们可能会觉得我们已经取得了一些进展；当事情变得具有挑战性时，我们会觉得好像我们没有尽最大努力，但实际上我们仍然没有！

越有挑战性的任务、越不确定的结果以及代价越高的谈话，我们离实际责任就越远。谈话消耗了我们解决史蒂文·普雷斯菲尔德所说的"阻力"或阻碍我们创造性表达方式的障碍所需的能量。成功需要我们付出 100% 的努力 - 但在其全部价值得以实现之前，空谈可能会侵蚀其中的一部分。

当我们感到不知所措、压力过大或有太多工作要做时，我们中的许多人都会屈服于诱惑。在我们的建设阶段，阻力可能会成为一个始终存在的困难来源；讨论问题可能会有所帮助。
大声说话并为观众表演——即使我们认为自己不需要治疗——几乎是一种治疗。我花了四个小时谈论某件事；这没有什么意义吗？没有。

想一想：一代人的声音并不这么称呼自己；而是一代人的声音。然而，当你仔细观察时，你会发现这些声音在任何一个领域（无论是音乐、演讲还是书籍）中都很少发声，但它们有影响力的信息却通过这些媒介充分传递。

他们在角落里安静地工作，将内心的混乱转化为产品，最终获得平静。他们在行动之前抵制任何寻求认可的冲动；或者感觉其他人在公共场合受到更多关注，得到了不公平的待遇（但他们没有）。当他们说话时，那就是赚到了。

工作和谈话不可混为一谈；一个永远会掩盖另一个。当您返回实验室或办公室时，允许周围的人互相讨论。

无论是在健身房还是在人行道上。堵住那个位于你脸部正中的、会耗尽生命能量的洞，然后看看会发生什么，以及你自己的情况会变得更好。

第五章:我们应该做还是应该做？

在婴儿期, 灵魂保持纯洁, 不与环境发生冲突。就像一块未切割的帕罗斯大理石等待转化一样, 它的潜力未被触及, 准备塑造成——什么？

——奥利安·斯韦特·马登 现代战争中最有影响力的战略家和实践者之一, 曾经默默无闻:约翰·博伊德。

他不仅是一位优秀的战斗机飞行员, 也是一位杰出的教师和思想家。在韩国飞行后, 他加入内利斯空军基地的精英战斗机武器学校担任首席教官, 被称为"四十二博伊德", 这意味着他可以在发生任何冲突的 40 秒内从任何位置击败任何对手。后来他被谨慎地召唤到五角大楼工作, 在那里他开始了真正的工作。

大多数人可能不认识约翰·博伊德, 这并不完全令人惊讶, 因为他从未出版过任何书籍, 只发表过一篇学术论文;仅存少数视频, 并且很少在媒体文章中引用;即使在近三十年无可挑剔的服役之后, 他也没有晋升到上校以上。

另一方面, 他的理论在他生前和之后很长一段时间里彻底改变了几乎所有武装部队的机动作战。他最喜欢的项目包括用 F-15 和 F-16 战斗机重新发明现代军用飞机;这些飞机成为标志性的军事机器。他的主要影响来自于作为顾问。通过传奇的简报, 他教导和指导了一代或一代的几乎每一位主要军事思想家。他对沙漠之盾行动的贡献是通过与国防部长的直接会面而不是通过官方政策渠道进行的;改变是通过他指导、保护、教导或启发的学生创造的。

他退休时并没有想到会有人记得他。只留下一套简陋的公寓和养老金作为他的遗产。在某些时候, 敌人可能比盟友还多。也许这条意想不到的道路是有目的地选择的？如果这次不寻常的旅程确实有助于增强他的个人实力呢？那会有多疯狂？

博伊德只是践行了他教给他麾下每一个有前途的年轻学生的教诲:如果他们想取得一些特殊或不寻常的成就。毫无疑问, 这些后起之秀与今天的我们有很多共同点。

1973 年, 博伊德在向他的一名门生发表演讲时, 清楚地表达了这一点。他认识到他们人生中的一个关键转折点, 于是召集他们开会——像许多成就斐然的人一样, 这位年轻军官缺乏安全感, 易受影响——想要晋升同时努力做到最好;博伊德认识到他的门徒的这种潜在的脆弱性, 因此发表了成为一项传统的演讲——发表演讲, 成为几代军事领导人的成年仪式。

"老虎，有一天你会来到一个岔路口，"博伊德警告他，"你必须决定你想要走的方向。然后博伊德用双手示意两个选择，并向老虎展示差异。如果他们选择一种选择而不是另一种选择，如果他们选择那条路，他们可能会变得更伟大。""试试走这条路吧——那条路可能会带来更大的机会！"他强调道。"为了成为这个俱乐部的一员，获得晋升并获得好的任务，必须做出妥协，并且可能需要与朋友断绝关系，"博伊德解释道，然后停下来勾勒出一条替代的前进道路。"或者，"他建议，"你可以选择另一条道路，采取重要的行动——为你的国家、空军和你自己做一些事情。通过做一些建设性的事情，而不是坐等升职或上级给予有利的任务，你的努力可能不会那么快被注意到，但它们可能会给你自己和他人带来改变。生活经常给你提供选择；你可以选择是成为某人还是通过工作做出有影响力的改变。"

博伊德在演讲结束时提出了指导这位年轻人和他的许多同龄人一生的智慧之言："生存还是做事？你会走哪条路？"

现实很快就会闯入我们年轻时对生活的理想主义期望，无论是以激励、承诺、认可还是政治的形式——它们都能迅速将我们的注意力从"做"转移到"存在"。从赚钱到假装我们的自我，每一步都助长了这种欺骗。这就是为什么博伊德希望年轻人明白，如果我们不小心，我们就有可能被这些现实所吞噬，这些现实可能会改变我们寻求目标的努力并完全损害它们。
作为任何特定职业的专业人士，我们很容易被我们的主要服务职责所腐蚀。

怎样才能避免出轨呢？不幸的是，我们常常爱上成功的形象，而这很容易使我们脱轨——在博伊德的世界里，这可能意味着将你肩上的星星数量与真正的成就相混淆。其他时候，它可能是你的职称或你就读的商学院之类的东西，作为实际成就的指标；其他人可以将收到的资助、授予首席执行官的访问权限甚至只是粉丝数量视为指标。

外表会骗人；拥有权威并不等于真正拥有权威；拥有权利并不保证是正确的；获得晋升并不意味着你的工作质量很高；相反，在某些官僚机构中，它可能被简单地视为向上失败；给人们留下深刻印象与真正让他们震惊有很大不同。

你和谁站在一起，你会支持哪一边？生活给我们带来了很多选择，我们必须做出这个决定。

博伊德在拜访或与空军军官小组交谈时进行了另一项练习：他会在黑板上用大写字母写下"责任"、"荣誉"和"国家"这几个词，然后交叉书写并替换为其他三个词："骄傲"、"权力"和"贪婪"作为例证。士兵们所操纵的军队内部的许多制度和结构可能会破坏他们所要维护的价值观——历史学家威尔·杜兰特曾经打趣说，国家往往会变得"生于斯多葛主义，死于享乐主义"，博伊德通过写下这些内容来形象地说明了这一点原本积极的美德随着时间的推移而变坏。

我们难道没有在自己的生活中——运动、人际关系、项目或我们深切关心的人中——目睹过这种情况的反复上演吗？这就是自我的运作方式：通过减少真正重要的事情来支持不重要的事情。

人们想要改变世界，这是令人钦佩的。你的目标应该是在你所做的事情上成为最好的；没有人愿意只是充当填充者。但是博伊德黑板上的三个词中哪一个能让你到达那里呢？您现在正在练习哪些内容，哪些内容可以给您带来能量？

博伊德向我们提出了一个重要的决定。目的可以帮助我们深入地回答"是还是要做？"容易地。如果重要的是你——你的声誉、包容性、个人安逸——那么很明显，告诉人们他们想听的话、在安静但重要的工作中寻求关注以及接受晋升是社会上成功人士提升自己的必要手段职业生涯的进一步进步才是前进的方向。
支付你的会费，完成任务并投入你的时间，但让事情保持原样。当名誉、薪水和头衔出现时，就获得它们——当它们到来时，享受它们吧！

弗雷德里克·道格拉斯（Frederick Douglass）曾经说过，"人是由他所从事的工作所影响的"，这是他作为前奴隶时亲身体会到的。然而，一旦获得自由，他就看到人们对职业和生活做出的选择如何对自己产生相似的结果——基于时间的选择和经济驱动的选择都会对他们产生影响——包括沿着以自我为中心的道路做出的妥协；这需要博伊德本人做出许多让步。

当你的目标比你自己更大时——完成某件事或证明某事——一切都会变得既容易又困难。更容易，因为现在您确切地知道需要做什么以及哪些活动对您很重要；其他"选择"似乎不再是干扰因素；做事比得到认可更有价值；无需妥协；每一个机会都必须按照具体的指导方针进行评估，例如，这是否有助于我实现我想要实现的目标？这能让我完成需要完成的事情吗？我做出这样的评价是无私还是自私？

本课程讨论的不仅仅是要成为谁，而是"我在生活中努力实现什么？"，抛开个人主义的欲望和问题，例如，我的选择的目的是什么？我想要顺从还是脱颖而出？我寻求真实的体验还是完全独特的东西？

换句话说，做出选择可能很困难，因为一切都感觉像是妥协。虽然尽早解决这些问题永远不会太晚，但越早越好。

博伊德无疑是自《孙子》和冯·克劳塞维茨以来最伟大的影响者和创新者，他改变和增强了他的领域，被称为"成吉思约翰"，因为他从不让障碍或对手阻止他执行需要做的事情，尽管有任何反对或阻力 - 尽管不是无成本；并因其节俭的生活方式而被称为"贫民窟上校"；在他去世时，他留下了数千张来自私人承包商的未兑现的费用支票，他认为这些支票代表着贿赂。不幸的是，尽管他所做的工作令人印象深刻，但历史却忘记了他，作为对他所取得的成就和贡献的惩罚。

下次当你觉得自己有资格时，当你的名气和美国梦似乎密不可分时，请考虑到这一点，并考虑一个伟人会如何看待你。
面对任何决定时，请考虑以下问题：我真的需要这个还是这只是为了我的自我？我是否已经做出了最好的决定，或者奖品是否仍然在遥远的地方召唤着我？

第 6 章：成为一名学生

不要让任何人的精神告诉你我的训练失败了。

登录纽约消防局培训学院

20 世纪 80 年代初 4 月的一天，一位吉他手的噩梦，也是另一位吉他手的梦想工作：地下金属乐队 Metallica 的成员在纽约一间破旧的仓库里按计划进行录音之前，突然聚集在一起，通知 Dave Mustaine 他将被赶出去，并把他的吉他交给了他。巴士通票无需进一步解释。

从旧金山出发的往返机票。

同一天，Exodus 乐队的柯克·哈米特 (Kirk Hammett) 被选为填补这一职位。由于没有时间提前适应或计划，几天后他作为金属教堂的一部分首次亮相！

人们很容易认为这是哈米特一生都在等待的时刻，事实确实如此。金属乐队当时只在小圈子里为人所知，但他们已经开始用他们的先锋歌曲突破鞭打金属音乐的极限；他们的粉丝群在短短几年内开始呈指数级增长；最终全球专辑销量突破一亿张！

大约在这个时候，柯克经历了一个必然是深刻的启示：尽管被要求加入 Metallica 并获得会员资格，但他的演奏年数并没有达到标准。因此，当他搬回旧金山的家中时，他开始寻找一位吉他老师。换句话说，尽管加入了他的梦想之队并转为职业球员；柯克坚称，尽管成为金属乐队的一员，他仍然需要进一步的指导。有趣的是，他寻找一位因与史蒂夫·瓦伊 (Steve Vai) 等音乐神童合作而闻名的人。

乔·萨特里亚尼 (Joe Satriani) 被哈米特选为他的导师，后来成为有史以来最伟大的吉他手之一，并以其独特的音乐品牌销售了超过 1000 万张唱片。在一所小型音乐学校任教。
萨特里亚尼不同寻常的演奏风格使他不太可能成为哈米特的选择。然而，这正是重点——柯克需要学习他不知道的东西，作为他探索这种新音乐流派的目标的一部分，他现在有机会追求这一点。

萨特里亚尼明确指出了哈米特的不足之处——不是天赋。"柯克到达时已经是一位出色的吉他手。他知道大部分和弦，并且在到达时可以撕碎；不幸的是，他只是从未了解过这些和弦的名称和联系。"

萨特里亚尼解释说，哈米特在同龄人中脱颖而出，是因为他愿意接受其他老师不会接受的更严厉的课程："他是一名出色的学生 - 他的许多同龄人会因为我是一位如此严格的老师而生气！

萨特里亚尼的系统很简单：每周都有必须理解的课程，如果哈米特未能受益，她应该放弃这些课程，不再费心返回。柯克在两年多的时间里一直遵循萨特里亚尼的要求，每周都会回来寻求反馈、评估和练习，他很快就会在数千人、数万人、最终数十万人面前演奏这种乐器。两年的学习期结束后，他会向Satriani 展示他与乐队一起创作的任何新的乐段和连复段，并学会减少自己想要更多的本能，用更少的音符做更多的事情，并更多地关注在相应地表达它们之前感受这些音符——作为艺术家和演奏者总是在同等程度上进步。每次发生这种情况，他作为球员和艺术家都取得了重大进步。

作为一名学生不仅仅是接受指导；它还将一个人的自我和野心置于他人手中。这里有一个自我上限——一个人意识到他们不可能比他们的学徒高声喊叫或智胜他们；你服从他们，让自己融入他们，任何虚假都是不可接受的，因为教育不能被"黑客攻击"，没有捷径；否则他们就会放弃你。

作为人类，我们不喜欢被提醒有人比我们更好或者我们还有很多东西需要学习。我们希望我们的工作圆满，我们的生活充实。因为这可能很难接受，所以向下更新你对才能的评估通常被视为掌握的一部分；然而假装知识仍然是我们最大的威胁。
愤怒可能是一种危险的恶习，它会阻碍我们进步。自我评估可以提供重要的解药。

值得注意的是，哈米特成为有史以来最伟大的金属吉他手之一，并将鞭打金属从地下运动转变为世界范围内的既定流派。此外，萨特里亚尼的课程帮助他磨练了自己的技术，让自己变得更好。两者都将继续占据体育场馆，同时彻底改变音乐景观。

弗兰克·沙姆洛克（Frank Shamrock）是综合格斗运动的早期先驱和多届冠军，他采用了一种被称为"加、减和等于"的方法。他认为，任何一名拳手要想变得伟大，就需要有一个可以向他们学习的上级人物；可以帮助教导他们的较小的人；以及一个可以与之竞争和考验自己的平等对手。

三叶草的成功秘诀很简单：从各个角度接收关于他们知道和不知道的真实、持续的反馈。这样做的目的很简单：消除任何可能阻碍我们学习的自私、恐惧或懒惰，以及任何可能让我们想顺其自然而不取得进步的懒惰。正如三叶草所指出的：关于自己的错误观念会毁掉我们；保持谦逊就是武术的精髓：把自己置于你信任的人之下。"要成功地使用这种方法，需要接受其他人比我们懂得更多，这样你就可以从他们的知识中获益，同时积极寻找他们，同时消除任何幻想我们坚持自我。

学术思维不仅限于格斗或音乐；像苏格拉底这样的科学家、哲学家和哲学家都需要学生的心态，以便了解核心科学原理以及前沿的发展。作家必须了解经典，同时也要受到当代作家的挑战。历史学家需要对古代和现代历史及其专业领域有全面的了解；职业运动员经常聘请教练，而有权势的政治家则聘请顾问或导师。

为什么？为了成为并保持伟大，人们需要全面了解之前发生的事情、现在正在发生的事情以及未来的情况。他们必须内化其领域的核心要素，而不会随着时间的推移而停滞不前——始终努力学习。每个人都应该成为自己的老师、导师和批评家。

想象一下哈米特可以做什么；或者如果我们突然发现自己在任何领域都是摇滚明星，我们会怎么做？我们所有人都面临着这样的诱惑："我成功了！我到达了！"
他们决定选择我是因为另一个人没有我那么有能力。如果他们选择了其他人而不是我，乐队可能永远不会成功；80年代已经有很多被遗忘的金属乐队了！

一个高效的学生就像一块海绵：吸收周围的一切，并根据需要过滤掉，然后再抓住他们能抓住的一切。真正的学习者是自我批评和自我激励的，总是努力提高自己的理解力，以便更容易地转向新的主题和挑战。真正的学习者同时也是自己的老师和批评者，在这两个角色中都没有存在傲慢的利己主义的余地。

再次以打斗为例，其中自我意识尤为重要；对手不断地试图以强对抗弱。如果没有每天的学习和练习，不断地寻找需要改进的地方，找出自己的缺点，并借鉴同行和对手的技术，一个战士很快就会被击垮和击败。

我们之间真的有那么大的差异吗？当然不是——我们不是都在为某事而奋斗，或在反对某事吗？您认为只有您一个人在努力实现自己的目标吗？当然不是——简直不敢相信你会独自伸手去拿那个黄铜戒指！

人们常常对伟大成就者的谦逊感到惊讶。人们可能会问为什么这些人没有攻击性或没有权利？难道他们不知道自己的伟大或命运吗？事实是，尽管这些有抱负的伟人充满自信，但永远的学习者使他们立足于现实并保持谦虚。

爱比克泰德说，学习我们已经拥有的东西是不可能的。"如果你认为你已经知道了，你就不会学习；此外，过于自信可能会阻止我们提出必要的问题，从而揭示答案并提高绩效；变得更好需要质疑而不是骄傲的自信并认为你已经知道一切了！爱比克泰德建议我们在开始进一步研究之前不要认为我们知道某件事的一切。

生活要求我们有能力接受各种形式的反馈——尤其是严厉和批评的反馈。我们不仅要接受严厉的反馈，还要积极征求反馈；即使我们的朋友、家人和大脑告诉我们我们做得很好，也要寻找负面评论。但自我会在每一个转折点上抵制这样的建议：他们已经认为自己对我们了如指掌；他们已经认为他们已经了解我们了；认为我们是令人惊叹的、完美的天才，拥有无与伦比的创新技能，我们更喜欢自己的评估而不是现实。

自我意识会阻碍想法的正确酝酿；要成为我们最终希望成为的人，往往需要花费数年时间与特定主题或悖论进行斗争。谦虚让我们在努力成长的同时脚踏实地。
自我坚持认为我们知道的还不够，必须继续学习，而自尊则认为耐心是弱点，并认为我们有能力让我们的才能在世界上得到适当的机会。

当我们证明我们的工作、准备进行第一次电梯推销、开设我们的第一家商店或面对观众进行彩排时，我们的自我可能会成为我们的敌人——向我们提供与现实脱节的虚假反馈，并且只会在以下情况下进行防御：需要。它告诉我们不要进步，从而阻止我们成长；然后，当结果没有达到预期或成功似乎转瞬即逝时，我们会想知道为什么别人看起来更好，为什么他们的成功比我们自己的成功持续得更久。

现在，由于技术的发展，书籍和课程比以往任何时候都更加便宜，接触教师也变得更加容易。没有理由不接受教育，我们拥有的丰富信息使这一旅程变得永无止境。

生活中的老师不仅仅包括那些我们直接付费的老师，比如哈米特付给萨特里亚尼的老师，也不一定是像三叶草道场这样的培训道场的一部分。许多最好的老师都是免费的——志愿者们曾经和你一样年轻时分享过你的目标，就像你现在一样；许多人甚至可能没有意识到他们正在教学；他们可能只是作为例子或历史人物，继续通过我们今天阅读的书籍和文章传授教训；不幸的是，我们的自我有时会让我们对批评抱有敌意，以至于反馈要么赶走这些老师，要么让我们无法接触到这些老师。

这就是为什么古老的谚语说："学生准备好了，老师就出现了。"

第7章：别激动

许多年轻人似乎渴望"vivida vis animi"，这种冲动和兴奋驱使许多年轻人在他们可能发现的任何领域取悦并取得优异成绩。如果没有成为伟人的热情——这可能需要数年时间和泪水——那么你很可能永远不会变得引人注目。

激情——仅此而已！发现你的，充分享受它，并用它激励世界。

人们涌向火人节寻找激情。其他人参加 TED、SXSW 和许多其他活动和静修会，将其宣传为生活的驱动力。

这些人可能没有告诉你一些事情：你的热情可能会阻碍你获得权力、影响力或成就。我们常常努力尝试，但最终失败，因为激情是我们生活中如此重要的因素。

在埃莉诺·罗斯福政治生涯的早期，有人评论她对社会立法的"热情兴趣"。虽然这个评论意味着恭维，但埃莉诺的回应很能说明问题：她支持它，但不相信"热情"适用于她。

罗斯福出生于维多利亚时代安静的美德最后绽放的时期，他的热情高于一切。她的人生方向和目标不是由情感驱动，而是由逻辑驱动。

乔治·W·布什、迪克·切尼和唐纳德·拉姆斯菲尔德都对伊拉克充满热情。克里斯托弗·麦坎德利斯也决心"走进野外"。罗伯特·法尔肯·斯科特在探索南极洲时也有类似的动机。1996年珠穆朗玛峰悲剧的许多登山者都曾短暂地遭受过"极点狂热"的折磨。与此同时，赛格威背后的发明者和投资者相信他们发明了一些革命性的东西，改变了生活；因此，他们将所有资源用于传播这一突破性创新。
当然，所有这些有才华、聪明的人都热情地致力于他们所追求的事业。但很明显，他们也没有装备，无法理解周围每个人表达的反对意见和真正的担忧。

这些相同的概念适用于无数的企业家、作家、厨师、企业主、政治家和设计师，你从未听说过他们，也不会再听说过他们，因为他们在离开港口时自我毁灭了。和每一个业余爱好者一样，他们有激情，但缺乏其他东西。

需要明确的是，我不是在谈论关心。我在这里讨论的是另一种激情——无拘无束的热情，我们愿意全力以赴地攻击任何发生的事情；老师和大师告诉我们的能量束是我们最宝贵的资产；对开始或达到某个模糊的、雄心勃勃的目标的强烈的、无法抑制的渴望；然而，这种看似无害的动机实际上可能弊大于利。

请记住，"狂热者"只是"疯狂的人"的更好的称呼。

在加州大学洛杉矶分校 (UCLA) 与约翰·伍登 (John Wooden) 一起夺得三届全国冠军、当时以卡里姆·阿卜杜勒·贾巴尔 (Kareem Abdul-Jabbar) 为大多数人所熟知的刘易斯·阿尔辛多 (Lewis Alcindor Jr.) 曾用一个词来形容伍登的执教风格：冷静。伍登将这些额外的情绪视为负担。相反，他的哲学侧重于控制和做好自己的工作，而不是成为激情的奴隶——这是小刘易斯·阿尔辛多最终在伍登手下学到的。

没有人会把埃莉诺·罗斯福、约翰·伍登或卡里姆描述为冷漠或被动的人。没有人会说他们疯狂或过于热心。罗斯福是美国最有权势的女性活动家之一，当然也是最重要的第一夫人，她主要以其优雅、沉着和方向感而闻名。伍登在 12 年内赢得了 10 个冠军，因为他设计了一种与他的球员合作的赢得比赛的系统 - 不是因为兴奋而驱动，而是随着时间的推移逐渐让他们变得出名；

在我们的努力中，我们将面临以前从未遇到过的复杂问题。机会通常不会出现在需要勇气和勇气才能进入的深渊中——相反，它们可能会被各种形式的阻力所掩盖、覆盖和阻挡——所以这里真正需要的是清晰、深思熟虑和方法论上的决心。
但很多时候，我们会按如下方式进行......

灵感来袭：我的目标是做有史以来最伟大、规模最大的_____。做最好的。

_____ 是"第一个最多的"。

建议：以下是您实现这一目标所需的逐步步骤：

现实检验：我们只听我们想做的事，做我们想做的事，这常常导致我们走上我们没有预料到的道路，并以比预期更多的混乱结束。

因为我们只听到成功人士和他们的热情，我们可能会忘记失败也有同样的品质。在回顾过去之前，我们无法完全意识到其后果。就赛格威发明者和投资者查尔斯赛格威的错误假设而言，其产品的需求量将比实际需求量大得多。在入侵伊拉克之前，其支持者常常无视反对意见和负面反馈，因为这违背了他们内心深处渴望相信的东西。不幸的是，正如《荒野生存》中所见，这种无知导致了悲惨的后果。罗伯特·法尔肯·斯科特因过度自信和鲁莽的热情而犯下错误，没有考虑到潜在的风险；我们想象拿破仑在考虑入侵俄罗斯时情绪激动；当他只带了一半的人回来时，他的热情才消退。还有其他一些例子表明，过度投资、投资不足、在某人真正准备好之前采取行动或损坏精致物品都会造成伤害，但没有一个像上面提到的那样令人震惊。

激情常常用来掩盖弱点；它的气喘吁吁、浮躁和疯狂无法替代纪律、掌握、力量、目标和毅力。你应该能够认识到别人和你自己的这种特质，因为它的来源可能看起来足够真诚，但它的影响往往会变得滑稽或更糟。

当某人能够详细解释他们想成为谁、他们的成功目标以及他们期望何时实现这些目标时，热情就很明显了——甚至可能给出一个大概的日期或详细说明他们对这些目标的合理担忧。虽然这些人可以列出他们计划做或已经开始做的所有事情，但他们的进展很少显现出来；没有进步＝激情！

一个人怎么可能很忙却没有完成任何重要的任务呢？这就是激情悖论。

如果精神错乱可以被定义为一遍又一遍地做同样的事情，却期待不同的结果，那么激情就可以被视为一种精神迟钝——随着时间的推移，它会呈现出多种形式和形式。
通过故意削弱我们最关键的认知功能，我们可能会大大削弱它们对我们自己和整个社会的重要性和潜在利益。回想起来，结果往往令人失望。浪费了几年的时间，只是在沥青上旋转轮胎。

与大多数充满激情的生物一样，狗也有短暂的短期记忆，有助于避免徒劳和无助的感觉。然而不幸的是，对于我们人类来说，现实最终会占上风，并侵蚀我们所生活的任何幻想。

从本质上讲，人类需要目标和现实主义才能成功进步。目的可以被视为有界限的激情；而现实主义则带来超然和视角。

年轻或新成立的事业往往会经历强烈的激情，这使得慢慢来似乎违反直觉。不幸的是，我们常常看不到，过度劳累或精疲力尽并不能加快旅程的速度。

激情是关于。（我对_____充满热情）。目的是为了。（我想 _____）。

我必须完成 _____。我来这里的目的是_____，我愿意克服任何挑战或不便坚持不懈以实现这一目标。

目的是"我"以外的东西，它不强调个人身份。目的应该服务于更高的事业。

追求超越自我的东西而不是仅仅为了个人快乐需要目标，以及现实的计划：我们的第一步在哪里以及什么？

一开始我们应该关注什么？我们如何确定我们正在做的事情会推动我们前进？我们衡量自己的标准是什么？

歌德说："伟大的激情是没有希望的疾病。"为了抵消这种极端的情绪和疾病，深思熟虑和有目的的人们在另一个层面上运作：雇用并使用专业人员。在采取第一步之前，先提出可能会出现问题的问题或寻找示例，然后再计划意外情况。他们从小规模开始，然后锁定收益，同时不断以这些收益为基础，以指数而非线性方式增加收益。

迭代方法是否比宣言、顿悟、飞越全国给某人惊喜或写四千字的电子邮件更令人兴奋？当然。与因为相信自己而全力以赴并刷爆信用卡相比，它们是否没有那么迷人和大胆？当然。电子表格、会议、旅行、电话软件工具和内部系统也是如此——但也许好处大于缺点？
每一篇关于如何为名人撰写的文章。

激情在于形式而非功能；目的在于功能。

你的工作需要深思熟虑——而不是激情或天真——

与对未来的事情感到兴奋或不知所措相反，如果你将未来的事情视为令人畏惧并下定决心无论如何都要完成它，那会更明智。把热情留给业余爱好者；专注于做和说必要的事情，而不是自然发生的或让你感觉舒服的事情。记住塔列朗对外交官的警句"Surtout, pas trop de zele"（"最重要的是，不要太热心"），要取得伟大的成就，同时抛开曾经尝试良好意图但无效的旧自我，反而变得富有成效。

第 8 章：遵循 Canvas Strat 策略

伟人几乎总是表现出领导能力，同时也愿意追随。

——马洪勋爵 在罗马文化中，艺术和科学有一个概念，在现代社会中我们只有一个不完整的类比：成功的商人、政治家或富有的个人可以充当艺术品（艺术赞助人）。

花花公子杂志将资助一系列作家、思想家、艺术家和表演者；这些艺术家不仅获得报酬来制作艺术品，还履行了保护、食物和礼物等一系列职责，例如清理道路。其中一项任务就是成为一名"antiambulo"，即为赞助人在罗马的旅程中清除障碍的人。一个安泰姆布洛让路，向他们的赞助人传达信息，总体上让他或她的生活变得更轻松。

马夏尔是一位著名的警句作家，多年来成功地担任了这一角色，首先在梅拉手下任职，梅拉是一位富商，也是斯多葛派哲学家塞内卡的兄弟。后来他也在佩蒂利乌斯麾下任职。马夏尔每天的大部分时间都在富有的顾客的家中穿梭，提供服务、表达敬意，并接受小额象征性付款或恩惠作为回报。

马夏尔的问题就出在这里。就像我们许多有实习经历和入门级职位的人（或者后来的出版商、老板或客户）一样，马夏尔不喜欢每一分钟。他认为自己在这种制度下受到了不公平的对待。他的目标是像他所服务的那些乡绅一样生活，他渴望金钱和属于自己的庄园，在那里他可以自由地创作作品，而不必担心或受到赞助人或出版商的压迫；他的作品经常表现出对罗马上流社会的蔑视，他认为罗马上流社会不公平地忽视了他，不公平地蔑视了他。因此，他的作品经常以对罗马的愤怒为特色，因为他认为罗马的行为对他造成了巨大的痛苦。
马夏尔的挫败感使他看不到，正是他作为社会局外人的独特地位使他对罗马文化有了如此独特的见解，这种见解至今仍然存在。如果他能够接受这些系统，甚至找到欣赏其机会的方法，而不是把这些系统视为针对个人，会怎样呢？但事实并非如此：他们似乎反而吞噬了他。

这是一种跨代和跨社会的共同态度：心怀不满的天才被迫为她不尊重的人做她不喜欢的工作，因为她试图按照自己的方式驾驭生活。"居然敢这么逼我跪拜！太冤了！太浪费了！"

我们在最近实习生针对雇主提起的工资诉讼中看到了这一点。我们看到孩子们选择住在家里，而不是承担一些他们认为自己资格过高的事情；不愿意按照任何人的条件与他们会面——不愿意妥协和做出改变，而这些改变可能会带领我们共同前进，而不是给任何人带来优势；我不会让他们对我下手；相反，我们最终都一无所获！

仔细想想为别人服务似乎是一种耻辱；事实上，学徒模式已经产生了一些有史以来最伟大的艺术作品：米开朗基罗、达芬奇、本杰明·富兰克林都经历过这样的系统；另外，它可能会为您提供宝贵的经验，您将在以后成为更出名的人时使用这些经验！当你自己努力取得成功时，这种暂时的不便难道不值得考虑吗？

当某人开始第一份工作或加入新组织时，他或她经常会收到这样的建议：让别人看起来不错，你就会做得很好。据他们说，低下头，为你的老板服务。当然，这个建议对于一个比其他申请者更受欢迎的孩子，或者一个专门为了避免这种被认为是侮辱而获得学位的哈佛毕业生来说，是不合适的。

让我们换一种方式来说，这样听起来就不会那么贬低了：这个建议不应该被视为拍马屁或让任何人看起来很好；相反，我们应该把这个建议看作是一个好主意。相反，它应该提供支持，以便其他人能够成为最好的自己。更好的描述可能是"寻找可供其他人绘画的画布"。你可以成为一个"antambulo"，清除他们路上的障碍，直到他们自己的道路在你脚下打开——最终这条路也将成为你自己的路！

刚开始可能会令人生畏；我们可以向自己保证某些基本现实：

1）你并不像你想象的那么重要或优秀；2）你的态度需要调整；3）您通过书本和学校了解或学到的许多内容可能不再是最新的或不准确的。
缓解所有紧张和困惑的一个好方法是让自己与已经成功的人和组织保持一致，将你的身份纳入他们的身份中，并同时推动两者向前发展。虽然追逐个人荣耀可能看起来更迷人，但它很少能带来持久的成功。敬拜是前进的道路。

这样的态度还有另一个好处：它有助于在职业生涯的重要时刻降低自我意识，让你吸收一切，而不会给别人的进步制造障碍。

没有人赞同阿谀奉承；相反，这种做法需要从内部寻找机会，为他人而不是为自己寻找机会。请记住，"anteambulo"字面意思是"清理道路"：这意味着帮助那些已经打算朝某个方向前进的人，帮助他们收拾行李，让他们腾出时间专注于自己的优势，同时让事情变得更好，而不是简单地表现出来。

许多人都熟悉本杰明·富兰克林以"沉默山茱萸"等笔名写的著名信件。人们将富兰克林视为令人印象深刻的年轻神童，却忽视了他最了不起的壮举：在印刷店门下写下提交的信件，直到几十年后才得到认可。事实上，正是他的兄弟，即所有者，利用这些作品令人难以置信的受欢迎程度，定期在他的报纸头版发布它们。富兰克林了解公众舆论如何运作，并提高了人们对他信仰的认识，同时随着时间的推移完善了他的风格、语气和智慧。富兰克林在他的整个职业生涯中一次又一次地使用了这一策略——有一次在他的竞争对手的一篇论文中发表文章，以削弱另一个竞争对手——因为他意识到这种策略可以让别人看起来不错，并让别人相信你的想法。

新英格兰爱国者队的比尔·贝利切克 (Bill Belichick) 通过热爱并掌握许多教练认为乏味的电影分析而在 NFL 中晋升。他在巴尔的摩小马队的第一份职业足球工作是自愿且无薪的——他的贡献提供了弹药和关键策略，而这些最初仅归功于更高级的教练。"他像一块海绵一样吸收一切。如果接到任务，他就会消失在另一个房间里，再也没有人看到他。"这是一位教练的印象。另一位报道说："他只是继续工作，直到完成，然后想要更多。"正如您可能猜到的那样，贝利奇克很快就开始获得报酬。

贝利奇克在高中时就已经展现了他的专业知识；因此，即使在比赛期间，他也经常担任非正式的助理教练。他的父亲是海军的助理橄榄球教练，他在足球政治方面给他上了重要的一课：当向教练或上级提供反馈或质疑决定时，要安静、谦虚，以免冒犯任何一方；换句话说，贝利奇克学会了如何在不疏远或冒犯任何人的情况下成为一颗冉冉升起的新星——换句话说，他掌握了画布策略！

与权利和优越感相关的属性——自我——将使这些人的成就变得不可能。如果富兰克林将功劳置于创造力之上，他可能永远不会出版——他的兄弟甚至可能出于嫉妒和愤怒而对他进行身体攻击！贝利切克很可能会因为公开削弱他的教练地位、放弃雇主提供的免费工作、关心地位而不是结果或坐视数千小时的电影片段而让他的教练感到不安。伟大源于卑微的出身：努力工作往往意味着成为在场最不重要的人——直到你用切实的成果证明不然！

有句老话说，"少说，多做"。我们真正应该做的事情是在接近我们的早期方法时修改并应用该概念的更新版本 - 少做多做。想象一下，如果您遇到的每一个人都在寻找可以帮助他们的方法，并仅通过他们的眼睛来看待每个机会，而不是思考这对您自己有何好处，会怎样？随着时间的推移，这将产生巨大的累积效应：通过解决现有问题来学习新问题；发展关系；变得不可或缺；建立持久的友谊；创建一个广泛的优惠银行，以供以后需要时使用……

画布策略侧重于帮助自己的同时帮助他人，以短期满足换取长期利益。当其他人努力争取信用和尊重时，你应该完全忘记信用——事实上，这应该是你的目标：让别人获得信用，同时推迟本金的支付。

策略可能很困难。正如马夏尔所做的那样，人们很容易对任何屈从的人感到怨恨。并讨厌那些拥有更多资源的人。但你必须保持客观。

他们比你更有资格、更有经验、或者地位更高吗？或者你会说：每一刻没有花在工作或为自己工作上的时间都是浪费时间吗？抵御这样的诽谤就意味着对自己说"我拒绝被低估"。

一旦我们克服了这些情感和自私的冲动，我们的画布策略就会变得更简单；它的迭代变得无穷无尽。

想象一下想出一些想法来呈现给你的老板。找到你认识的人、思想家和后起之秀，将他们介绍给一起；建立联系；交叉线以激发新的创新火花；发现别人不想解决的事情并独自解决它。

找出效率低下、浪费和冗余的地方；找到漏洞并修复它们，为新的活动领域释放资源。

制作更多内容并分享您的想法。

发现激发想象力的机会，确定协作途径和人员，并消除阻碍进步和集中注意力的干扰。这是一种回报丰厚且可无限扩展的电力策略；将每一次努力视为对人际关系和个人成长的投资。

Canvas 策略适用于每个人在生命中的任何阶段，并且没有设定的有效期或年龄限制，使其适合所有年龄段和发展阶段的人。任何时间开始——就业前或就业期间；在做其他事情的同时；当开始新事物时；在没有强大盟友或支持系统的组织内；在项目之间转换时；即使你毕业后开始领导自己的项目，你也可能永远不会停止使用这种方法；允许其他人将其应用到您身上，而您则专注于向上级提供建议。

一旦你承担起这个职责，你就会认识到许多人无法认识到的东西：清理道路的人最终会塑造道路的方向，就像画布塑造一幅画一样。

第9章：克制自己

我的观察发现，那些取得巨大成功的人往往会"保持低调"，永远不会激动或失控，而是始终保持冷静、沉着、耐心和礼貌。

年轻时认识杰基·罗宾逊的人可能永远不会预料到他会成为美国职业棒球大联盟的第一位黑人球员。

尽管他拥有巨大的天赋，并且愿意最终融入白人棒球，但他并不以他的冷静或克制而闻名。

十几岁的时候，罗宾逊和一小群朋友一起跑步，他们经常发现自己与地方当局有麻烦。在一次大专野餐中，他挑战另一名学生使用种族主义语言；还有一次，在一场篮球比赛中，他对一名犯规的白人对手进行了猛烈的打击，力度如此之大，以至于他们的血流了一地。罗宾逊因与不公平对待他的警察发生冲突和争吵而多次被捕。

在就读加州大学洛杉矶分校之前，杰基·罗宾逊因差点与一名侮辱他朋友的白人打架并差点以暴力还击而在监狱里呆了一晚（一名警官用枪指着他）。关于这一事件煽动反对种族主义抗议的谣言也浮出水面。1944 年，尽管法律禁止基地巴士上实行种族隔离，但一名巴士司机仍试图强迫杰姬坐在后排，从而在胡德营煽动了反对种族主义的抗议活动；随后，争吵进一步升级，杰基直接挑战他的指挥官，导致冲突进一步升级，最终在军事法庭诉讼中达到顶峰，尽管被宣告无罪，但很快就被释放，尽管这一事件引发了几起事件，直到不久后最终被释放。

他采取的行动不仅是出于理性或人性，而且是出于人性。这很可能是必要的。为什么有人要这样对待他？没有人应该容忍这一点。然而……我们都追求对我们来说如此重要的目标，为了实现这些目标，我们愿意忍受一切！

布鲁克林道奇队的经理兼老板布兰奇·里基（Branch Rickey）在寻找杰基作为棒球界第一位黑人球员时向他提出了一个问题：你有胆量吗？"我正在寻找，"里基解释道，"一个有足够自制力、不反击的人。"在他们的会面中，里基展示了罗宾逊如果接受里基的挑战可能会遇到的各种虐待：酒店服务员拒绝预订房间，餐馆里粗鲁的服务员以及对手互相辱骂——罗宾逊向他保证他可以处理这些事情。美好的！

里基可以选择任意数量的球员，但需要一个不会让自负阻碍他们看到更大前景的球员。

当杰基·罗宾逊在棒球农场系统中不断进步并进入职业队伍时，他面临的不仅仅是服务人员或不情愿的球员的轻视；还有一场有组织的骚扰活动，旨在诽谤、嘘声、挑衅、冷落、攻击、残害或杀害他。在他的职业生涯中，他被投球击中 72 次；差点被球员用尖刺瞄准他，将他的跟腱扯断；有人对他提出了不公平的指控；比赛的休息并不如他所愿……然而杰基从未屈服于爆发性的愤怒——尽管感觉很强烈；9年来他从来没有用拳头打过其他球员！

如今的运动员显得被宠坏了，脾气暴躁，但我们对当时的联赛却缺乏了解。泰德·威廉姆斯 (Ted Williams) 是棒球史上最伟大、最受尊敬的球员之一，1956 年，他被抓到向球迷吐口水。作为一名白人球员，这种情况并不罕见，他后来告诉记者："我对自己所做的事并不感到抱歉……没有人会阻止我吐口水！"然而，对于像杰基·罗宾逊这样的黑人球员来说，这种行为是不可想象的，也是难以理解的短视行为——这会毁掉他的职业生涯，并使他的伟大实验遭受挫折。

杰基必须抛开他的自我意识，有时还要抛开作为人类的公平和权利的基本观念。在他职业生涯的早期阶段，费城费城人队主教练本·查普曼在一场比赛中特别残忍地嘲笑杰基："他们在丛林里等你！"他一遍又一遍地喊叫；后来，杰基嘲笑他们不希望他在那里（尽管自己也想要其中一个白人儿子），尽管对查普曼的嘲笑感到不舒服，但杰基没有回应。本·查普曼自始至终都在嘲笑杰基，尽管他想要一个，甚至试图抓住其中一个白人儿子（尽管他自己也想要一个！）。杰基选择不直接回应；相反，正如后来他所写的那样，为了回应后来像这位经理一样被嘲笑——尽管想要完全不同的东西——尽管想要完全不同的东西（早在 1932 年 3 月 33 日），当时查普曼在本·查普曼 (Ben Chapman) 早期职业生涯的一场比赛在本·查普曼 (Ben Chapman) 比赛期间尤其残酷，本·查普曼 (Ben Chapman) 在比赛期间通过嘲讽和嘲讽来严厉嘲讽杰基 (Jackie)。后来，当本·查普曼 (Ben Chapman) 继续嘲笑杰基 (Jackie) 时，杰基 (Jackie) 甚至没有回应一次，因为随着时间的推移，他只是不回应或表现出愤怒（尽管后来写了）。相反，尽管希望这些白人儿子之一会随着时间的推移而出现）。相反，杰基确实对此做出了回应，尽管他希望有一个白人儿子出现，之后杰基写道）。杰基根本没有回应，当查普曼在比赛中嘲笑时，杰基也没有回应。那时，费城费城队与本·查普曼 (Ben Chapman) 的嘲讽，本·查普曼 (Ben Chapman) 不断嘲讽杰基 (Jackie) 确实做出了回应，尽管也想要一个，但确实做出了回应，这特别残酷，但两人都没有回应，因为没有回应而变得如此残酷 - 尽管同样多。
"我的本意是用我鄙视的黑拳头攻击查普曼，打碎他的牙齿"，但后来同意拍一张友好的照片以保住他的工作。

乍一看，与如此令人不快的角色接触或摆姿势几乎会让人感到恶心；然而罗宾逊称这是他有史以来最艰巨的挑战之一；尽管如此，他明白某些力量正试图在棒球界引诱并毁掉他，并且知道为了成功需要容忍什么样的容忍度——这是他当时不应该做的事情，但无论如何还是做了。

无论我们走哪条路，在某种程度上都取决于我们愿意容忍的胡言乱语的数量。虽然我们所受的羞辱无法与罗宾逊相比，但保持自制力仍然很困难。

Bas Rutten 经常在比赛前在双手上写下字母 R，这表明"rustig"在荷兰语中的意思是放松。在擂台上变得愤怒、情绪化或失控只会以失败告终；约翰斯坦贝克写信给他的编辑"[发]脾气是绝望的避难所"。当你与出版商、批评家、敌人或不可预测的老板打交道时，你的自我意识不会有任何帮助——无论他们是否不理解，或者你是否相信——这种对抗情况的出现还为时过早。。

哦，那你上大学了吗？只是因为这并不会给你在这个世界上的专有权利。即使是常春藤盟校，人们也会对你不好，斥责你；拥有一百万美元或多个奖项并不能保证你在尝试进入的任何新领域都能获得任何好处。

无论你的才华、关系或财富如何——当你想做一些对整个社会至关重要的大而重要的事情时——预计会受到他人的冷漠或彻底抵制，从冷漠到公然破坏。就靠它吧。

在这种情况下，自我并不完全是所需要的——谁需要被冲动所左右的麻烦，相信你是上帝给人类的礼物，或者拒绝容忍任何他们不同意的事情？

学会管理自我的人明白，当别人对待他们不好时，这并不会削弱他们；相反，他们会受到伤害。相反，它会降低他们的能力。

未来可能会出现：轻视、解雇、轻微冒犯和片面讨论。

做出一些让步；愿意妥协，并在幕后努力取得成果。

所有这一切只会让你更加愤怒和沮丧，让你想要反击——告诉每个人：我比这更好，应该得到更多。

当然，你想把它抹到人们脸上；更糟糕的是，那些不值得得到尊重、认可或奖励的人——通常是以你为代价的！当有人没有足够认真地对待你时，我们的冲动就是纠正他们；当我们的自我呼喊着寻求认可时；让他们记住我是谁！

相反，什么也不做。接受你所遇到的一切，消耗它，直到你感到恶心为止，安静地忍受它，更加努力地工作，玩你的游戏，忽略任何噪音；求上帝不要让任何事情分散你的注意力！克制是一项无价且困难的技能；诱惑可能会出现，无论我们尽最大努力，我们都永远不会变得完美——但尝试仍然是必要的，并且必须继续下去，直到我们的生活发生足够的变化，使完美成为可能。

在 28 岁加入道奇队之前，罗宾逊已经经历了作为一名非裔美国士兵和未来天才的艰辛。因此，作为一个暴发户，他在加入球队时面临着相当大的骚扰——随着他的职业生涯随着每支签下他的球队的进一步发展以及他在 1965 年与球队的任期结束，这种经历只会变得更加复杂。

尽管如此，他还是被迫再次面对这个现实。新的人才常常在被认可时不被认可，或者在被认可时不被赏识。这一切背后可能有多种原因 - 这是生活的一部分！

但在系统创建之前您将无法对其进行更改；因此，与此同时，你必须找到某种方法来实现你的目的——即使这意味着需要额外的时间来发展或向他人学习，或者建立你的基础并确立自己的地位。

随着罗宾逊取得成功并被两支球队评选为年度最佳新秀和 MVP，他在道奇队的地位变得更加稳固，他开始更加坚定地维护自己以及作为球员和个人的界限。在开辟自己的空间时，他有足够的信心与裁判争辩，或者在必要时用肩膀甩开另一名球员或传递信息。

无论杰基·罗宾逊变得多么有名或多么有成就，他从来没有侮辱过粉丝，也没有做过任何有损他遗产的事情。从第一天到他去世，杰基·罗宾逊（Jackie Robinson）一直表现出色，尽管像我们任何人一样发脾气或沮丧，但他从未失去过他作为表演者的水准。尽管如此，他很快就明白，走钢丝需要克制而不是傲慢。

诚然，这样做的路径并不多。

第10章：走出自己的头脑

一直呆在自己的心里，除了念头之外什么也没有。因此，这些人被剥夺了现实的权利，过着充满幻想和幻想的生活。

曼哈顿的霍尔顿·考菲尔德（Holden Caulfield）努力适应生活，而他来自洛杉矶的兄弟阿图罗·班迪尼（Arturo Bandini）则与自己和周围的世界作斗争。

Binx Bolling 出生于 20 世纪 50 年代新奥尔良住宅区的贵族家庭，试图逃离生活的"日常生活"。

所有这些虚构人物都有一个共同点：他们无法逃脱自己。

J·D·塞林格的《麦田里的守望者》讲述了霍尔顿努力留在学校、害怕长大、不顾一切地想要逃离这一切的故事。约翰·范特的《问尘》（班迪尼四重奏系列的一部分）讲述了另一位名叫威尔的年轻作家的故事，他通过写作来体验生活，而不是直接直接体验生活——看到"打字机上一页的每一秒"，想知道是否几乎每个时刻实际上可能是以他为主角而写的一首未成文的诗歌、戏剧、故事或新闻文章。沃克·珀西的《电影观众》以宾克斯为中心，宾克斯更喜欢看电影，而不是体验生活中自己不舒服的存在。

根据作家的作品对他们进行精神分析可能是一件冒险的事，但这些小说是众所周知的自传。当我们考虑到每位作家的一生，并从整体上审视他们的一生时，事实就变得显而易见了：J·D·塞林格确实患有压倒性的自我迷恋和不成熟感，这种感觉驱走了人们，瘫痪了他的天才；约翰·凡特在其职业生涯的大部分时间里，都在与巨大的自我和不安全感作斗争，而后完全放弃了小说，转而去高尔夫球场和好莱坞酒吧，直到他因糖尿病失明而最终去世，这给了他再次认真写作的机会；
《电影观众》是沃克·珀西克服青少年时期的懒惰和持续到四十多岁的生存危机后的第一本书。

如果这些作家能够更早地解决这些问题，他们会做得更好吗？它们的警示性特征促使读者回想起这一历史关键时刻。

不幸的是，被困在自己的头脑中并不局限于小说。两千年前，柏拉图形容人们因"沉迷于自己的思想"而感到内疚。即使在那时，人们也很常见地避免考虑他们想要的东西如何真正实现，而是享受计划如何实现他们的梦想，并享受计划一切将如何发展的乐趣 - 让现实中的生活比想象中的幻想更加懒惰世界！真正的人更喜欢充满激情的小说而不是现实！

内战总参谋部的乔治·麦克莱伦是伟大将军的典范。他被选为联邦军队的领导者，因为他符合成为一名杰出指挥官的所有标准：西点军校毕业生、战斗经验丰富、热衷于历史并受到部下的尊重。

尽管军队里充满了无能和自私的领导人，为什么他却成为最糟糕的联邦将军之一？因为他一直困在自己的脑子里。他迷恋自己作为这支令人印象深刻的军队的领导者，将自己视为这支军队的总司令，这让他永远无法摆脱这一切。虽然他能做好部队的准备，但到了紧要关头，带兵上阵的时候，问题就变得难以处理了。

他荒谬地相信他的敌人正在呈指数级扩张（他实际上一度拥有压倒性优势），来自政治盟友的持续威胁和阴谋（没有任何盟友），需要理想的计划和战役（它不会工作），所有这些事情都变成了事实，以至于他实际上什么也没做……一次长达几个月！

麦克莱伦着迷于自己以及他所做的事情是多么出色——祝贺自己即将到来的胜利或他挽救了自己的事业的可怕失败。如果有人质疑这个令人安慰的虚构故事，麦克莱伦就会像一个不讲道理、任性、虚荣、自私的人一样回应。这种行为本身是不可原谅的，但对他的上级和他们自己来说却意味着更深层次的问题。事实证明，这种行为令人极其不愉快，但对整个战争努力来说却意味着更重要的事情。
另一个问题是他的性格使他无法完成最重要的事情：赢得战斗。

一位曾在安提塔姆的麦克莱伦手下任职的历史学家事后指出："他的自我主义简直是巨大的——没有其他词可以形容。"大多数人认为巨大的自我等于自信——然而，在麦克莱伦的例子中，这种信念阻止了他领导和领导他人。说服别人不要在需要时采取行动，这让他看不到需要做什么。

如果不是因为这些机会给这么多人带来了潜在的灾难性后果，他一再错失的机会将是可笑的。让事情变得更加复杂的是两个虔诚而安静的南方人——李·杰克逊和斯通沃尔·杰克逊——他们喜欢采取主动，尽管人数和资源都较少，但他们还是设法羞辱了他。不幸的是，这种情况也可能发生在领导者身上——我们应该注意！

安妮·拉莫特 (Anne Lamott) 对这个故事进行了深刻的描述：如果一个人不小心，"KFKD (K-Fucked) 电台可能会在你的脑海中不间断地以立体声播放。"

从你内耳的右扬声器中会发出源源不断的自我夸大：讲述一个人的特殊性，以及他们比其他人更加开放、有天赋、聪明、知识渊博、容易被误解和谦虚。与此同时，你的左扬声器中会响起自我厌恶的歌曲：不断地展示你一生中做得不好的事情和犯下的错误，伴随着怀疑和断言，他们所触及的一切都会变成垃圾；人际关系不起作用；你没有能力无私的爱；天赋或洞察力的存在是为了……等等……

任何人——尤其是雄心勃勃的人——都无法避免容易受到叙事的影响，无论是好是坏。对于任何年轻、雄心勃勃的人（或那些只是有年轻抱负的人）来说，很容易被自己的思想和情感冲昏头脑，尤其是在维护和营销"个人品牌"不可或缺的时代。我们讲故事是为了宣传自己，但随着时间的推移，我们往往会忽视虚构与现实之间的界限。

最终，这些缺陷将使我们陷入瘫痪，或者成为获取工作所必需的信息的障碍——这就是麦克莱伦经常相信有缺陷的情报报告的原因，这些报告本应明显是虚假的；他相信自己的任务很简单，所需要的只是有效完成工作所需的信息。
对于一个深思熟虑的人来说，开始几乎太简单和直接了。

在这方面，他与我们并没有太大不同：我们有相似的焦虑、怀疑、无能和痛苦——就像青少年一样！

正如大卫·埃尔金德（David Elkind）广泛研究的那样，青春期的标志是心理学家所说的"想象中的观众"。想象一下，一个 13 岁的孩子因为担心学校里的每个人都在谈论一些实际上没有人注意到的事件而感到尴尬而缺课，或者一个十几岁的女孩每天早上花三个小时盯着镜子，确信自己的一举一动make 受到周围每个人的密切关注 - 他们这样做是因为他们相信周围的每个人都在全神贯注地观看！

即使作为成年人，当我们在街上无辜地漫步时，也很容易产生这种错觉。插入耳机即可立即播放音乐；我们短暂地翻起夹克领子，考虑我们必须看起来有多酷；在我们的脑海中，我们重播即将召开的成功会议；当我们经过时，人群散去；我们是奋发向上的无畏战士。

这可以是任何东西，从片头蒙太奇到小说中的场景，但当这些东西感觉良好时，它们会让我们躲在自己的内心，而不是参与我们周围的生活。

自我可能是危险的。成功人士知道控制住自己的情绪。他们抵制任何让自己感到重要或扭曲自己观点的诱惑，例如乔治·C·马歇尔将军在第二次世界大战期间拒绝写日记，尽管历史学家和朋友出于担心而向他索要日记。这样做会使他的安静反思时间变成表演和自欺欺人；怀疑自己为未来的读者做出的艰难决定，出于对纸面结果的担忧而重新猜测自己，等等。

我们所有人都可能成为精神困扰的牺牲品——无论是经营一家科技初创公司、在公司晋升还是热情地坠入爱河。我们越有创造力，我们就越容易失去注意力。

想象既强大又危险；当它疯狂时，我们需要利用它的创造力，否则就会迷失在它的兴奋中，无力控制我们的感知。
我们如何才能准确地预测或解释事件？我们怎样才能保持饥饿和意识？我们如何才能珍惜当下？最重要的是，我们如何在实际限制下发挥创造力？

清晰而活在当下需要勇气。不要停留在抽象的存在状态中，而要拥抱现实，即使它不舒服；成为你周围发生的事情的一部分，并尽量不要忽视或忽视你周围发生的事情。尽情享受并尽可能地适应这一切。

没有人期望我们有所表现，只是需要完成工作并从周围的一切中吸取教训。

第11章：早期的骄傲

一个容易骄傲的人往往会看不起事物和人；从而阻止他或她看到上面的东西。

十八岁时，本杰明·富兰克林在离开七个月后凯旋回到波士顿。本杰明带着骄傲和自信回来了，对居民和整个城市充满了希望。

他为自己感到骄傲；他的新西装、手表和一袋硬币肯定会给他接触过的任何人留下深刻的印象——尤其是他最想给他留下深刻印象的哥哥。所有这些都是由费城一家印刷店的一名员工展示的。

富兰克林很快就表明，在遇到科顿·马瑟（Cotton Mather）后，他年轻的自负是多么荒谬地膨胀。科顿·马瑟是镇上最受尊敬的人物之一，也是他早年的对手。当他们一起在走廊上散步时，马瑟突然建议富兰克林不要把头抬得太高，而是说："弯腰！弯腰！"对于富兰克林来说不幸的是，他太全神贯注于他的表演，不小心撞到了低矮的天花板横梁！马瑟有趣地回答说："让这作为一个警告，在生活中不要总是昂首挺胸：这样做你会错过许多艰难的重击。"

基督徒认为骄傲是一种邪恶，因为它让人们相信他们比实际情况更好，比上帝创造他们的样子更好。骄傲常常导致傲慢和脱离人性。

不管你是否是基督徒，你不需要有宗教信仰就能欣赏这个建议。仅仅关心你的职业就会表明，骄傲——即使是真正值得赞扬的成就——也只是一种障碍和错觉。

西里尔·康诺利（Cyril Connolly）有句名言："众神试图消灭的人，首先显得很有前途。" 25 个世纪前，一位挽歌诗人写下了同样的诗句。
泰奥格尼斯写信给他的朋友库尔诺斯："诸神赋予那些他们想要毁灭的人以骄傲；然而我们却故意选择了这个斗篷！"

骄傲会削弱我们成功最重要的工具之一：我们的思想。学习、适应、灵活和建立关系变得更加困难，因为自豪感混合在一起；最危险的是，这种情况经常发生在生命的早期或过程中——当我们的初学者自我意识占据主导地位时。直到后来，你才会意识到高估自己的能力并像其他人一样过于重视骄傲会带来什么危险。

自豪感会让任何微小的成就都变得具有纪念意义；它肯定了我们的聪明才智，同时表明我们迄今为止所展示的只是前兆。从一开始，骄傲就通过微妙地或不那么微妙地改变她对某事物是什么和不是什么的看法，将拥有者与现实分开。这些强烈的观点仅以事实或成就来松散地保证，导致我们走上通往妄想或更糟的道路。

骄傲和自负表明：我认为自己是一名企业家，因为我决定自己创业。

由于我目前处于领先地位，我知道我最终会获胜。

我认为自己是一名作家，因为我出版了一些东西。

我很富有，因为我赚了一些钱。

我感到荣幸和特别，因为我被选中了。

我相信自己，因为我认为自己很重要。

在某些时候，我们都会参与标签制作，但每种文化都对此提出警告：不要在鸡孵化之前数它们；抓鱼前不要煮酱汁；必须先捉兔子，然后再烹饪；言语无法掩盖通过言语屠杀的游戏；超过你体重的拳击可能会导致受伤；骄傲常常先于跌倒。

我们要明确一点：这种态度构成欺诈。如果你正在做这项工作并投入了必要的时间和精力，如果一切都按计划进行，就不需要作弊或过度补偿。

骄傲可能是一个阴险的敌人。约翰·D·洛克菲勒会定期大声讲话或在日记中写道："因为你已经开始了，"他告诫自己："你必须小心，否则你可能会失去理智——要稳住。"

在他的职业生涯早期，洛克菲勒经历了一些早期的成功。他找到了一份好工作，正在存钱并进行了一些投资；考虑到他的父亲是一个肆无忌惮、实施诈骗的酒鬼，这可不是一件简单的事！洛克菲勒显然正朝着正确的方向前进。不出所料，他的成就和职业轨迹开始让他感到自我满足。有一次，他甚至对一位拒绝向他贷款的银行职员大喊："有一天我会成为世界首富！"

洛克菲勒可能是唯一一个说过这句话，然后成为地球上最富有的人的人，但每一个这样的成功故事背后都有许多妄想的混蛋，他们相信自己的话，却在成为亿万富翁方面惨遭失败——通常是因为他们的骄傲让人们比以前更不喜欢他们了。

洛克菲勒意识到他需要限制自己并私下管理自己的自我，每天晚上都会问自己是否会让这笔钱让他过于膨胀，同时警告自己不要失去平衡或鲁莽地做出决定。"睁大眼睛，"他告诫自己。"不要失去平衡。"

正如他后来解释的那样，他对傲慢的危险感到恐惧：当暂时的成功破坏判断力、扭曲认知、让我们忘记自己真正是谁时，这是一件可怕的事情！生活；圣埃克苏佩里故事中的小王子提出了这一观察，指出虚荣的人除了赞美之外很少得到任何东西；这正是为什么它不应该充当翻译者的原因。

骄傲会使这些感觉变得迟钝，或者，它可能会掩盖我们自己其他潜在的负面部分，比如敏感、迫害情结或对我们的一切。

成吉思汗对他的儿子和将军（后来最终继承了他的职位）提出了著名的建议："如果你不能放下你的骄傲，你就无法领导。"这个信息引起了他们的共鸣，因为骄傲比野生狮子更难控制。他经常用山来比喻，动物在山上站得比山还高！

消极情绪可能是一种持续的威胁；我们倾向于保护自己免受阻碍我们追求使命或质疑我们愿景的人和事的影响，尽管处理这个障碍应该很简单。然而，不幸的是，我们不太注重培养的是，一旦我们的努力工作显示出希望，这些验证和满足感就会很快到来。这些人和事常常让我们感觉太好了！在骄傲不可避免地彻底毁掉我们的努力之前，尽早与骄傲作斗争。
自信和自我迷恋很容易扼杀抱负。我们必须时刻保持警惕；正如弗兰纳里·奥康纳（Flannery O'Connor）所说，自知之明应该导致谦卑；只有这样，我们才能通过真正了解自己来对抗自我。当自豪感浮现时，问问自己：我在这里错过了什么？

一个更谦虚的人是否可以从我今天的行为中看到一些迹象，但这些迹象被我的咆哮和疯狂行为所掩盖？现在是提出和回答此类问题的理想时机，但与以后事情可能变得更加紧迫的情况相比，风险仍然相对较低。

在这一点上，值得重复的是，仅仅因为某人显得谦逊并不意味着他们缺乏骄傲。私下里感觉自己比别人优越仍然是一种骄傲，这可能是危险的。蒙田在他的天花板横梁上刻下了米南德的名言："你的骄傲只会导致毁灭。"这以"你认为自己是某人"结束。

只要我们仍在努力，我们周围的人不仅应该是自豪和有成就的人，而且是处于相似发展阶段的人，他们知道还有很多工作要做，并为别人的成就感到自豪，他们应该成为我们的同龄人不是那些对自己过于自豪，而对自己在取得真正进步方面的地位却缺乏谦逊的人。否则，自豪感可能会蒙蔽我们的认知，破坏我们目前所取得的成就的现实，因为我们还有很多事情要做。

在头部被击中并听到马瑟的消息后，富兰克林一生都在与骄傲作斗争。知道这会阻碍他取得更大成就的目标，而知道骄傲会进一步阻碍他实现这一目标。因此，尽管富兰克林取得了惊人的成就——财富、名誉、权力，但他从未经历过因人们对自己评价过高而造成的许多不幸。

从本质上讲，这个建议并不建议仅仅因为你还不值得骄傲就推迟骄傲；相反，你应该这样做。相反，它只是说：不要吹嘘尚未发生的事情。"换句话说：不要吹嘘；这对你来说没有任何好处。

第12章：工作，工作，工作

即使是最好的计划也可能成为徒劳，除非它们变成艰苦的劳动。

埃德加·德加 (Edgar Degas) 以其印象派舞者画作而闻名。然而，他的艺术才能包括诗歌。考虑到德加有着如此洞察力的头脑，他所看到的每一处都是美丽的，他身上肯定有可能写出伟大的诗歌。他的能力是巨大的！ - 彼得·德鲁克

专业在于工作。
这就是专业写作和业余写作之间的区别所在：承认仅拥有一个想法是不够的；要在纸上成功地再现您的经验需要付出努力和毅力。保罗·瓦莱里 (Paul Valery) 在 1938 年写道，诗人的功能不应该是"亲自体验诗意的状态；相反，他的任务在于为他人创造诗意的状态；因此，他的工作在于创作作品"。

作为工匠和艺术家，通过我们的劳动和工业而不仅仅是我们的想象力创造出有形的东西是值得的。这里是抽象与现实的交叉点——空谈让位于行动。

亨利·福特(Henry Ford)有句名言："你无法在你计划做的事情上建立自己的声誉"，而尼娜·霍尔顿(Nina Holton)在心理学家米哈里·奇克森特米哈伊(Mihaly Csikszentmihalyi)关于创造力的里程碑式研究中明确表达了这一点：雕塑家尼娜·霍尔顿(Nina Holton)告诉奇克森特米哈伊(Mihaly Csikszentmihalyi)关于创造力的里程碑式研究，虽然"创造力的萌芽"一个想法"在通过努力工作完成之前可能不会产生任何有形的成果；投资和连续创业者本·霍洛维茨 (Ben Horowitz) 更简洁地说："设定宏伟、大胆的目标的困难之处在于，当这些目标失败时，不得不让人们离开……这就是努力工作的真正含义！"
梦想远大很容易；困难的是凌晨 3 点你就浑身冷汗地醒来，而你的梦想却变成了你最糟糕的噩梦。"
当然，你明白一切都需要努力。但你真的了解会有多少吗？直到你取得重大突破或留下自己的印记；相反，它必须在以后的一生中持续下去。

我们说的是一万小时还是两万小时？这两个数字都不重要：没有端区；否则就会创造一个永远不会完全实现的虚幻未来。这里重要的是要有足够的耐心和努力工作才能成功达到我们想要的目标。这听起来可能并不诱人，但实际上应该给人希望：只要我们拥有足够的谦逊，在坚持不懈的同时保持耐心，我们所有人都可以实现精通。

此时，你应该明白为什么这样的想法会触动自我的神经。

触手可及？！它要求。这表明我现在不拥有它。

正确的。没人做到。

我们的自我要求想法和付诸行动的愿望是足够的，花在计划和参加会议或与印象深刻的朋友交谈上的时间算作我们对成功的定义，它得到良好的补偿并在引起注意或认可的项目上完成或荣耀。

现实告诉我们，我们把精力集中在哪里，就决定了结果。

比尔·克林顿年轻时就开始收集记事卡，以便在以后从政时跟踪潜在的盟友。每天晚上，在需要他们执行任何特定任务之前，他都会翻阅这盒笔记，打电话或写信，然后添加有关他们互动的注释。随着时间的推移，他的收藏逐渐增加到大约 10,000 张卡片（最终被数字化），这最终推动他上任，直到今天仍在继续带来红利。

想想查尔斯·达尔文（Charles Darwin），他花了数十年的时间研究他的进化论，但由于尚未完成或完善而拒绝发表。没有人知道——或者能够理解——他在做什么——没有人说这样的话：嘿查尔斯，请慢慢来；你的工作是如此重要！他们不知道。查尔斯也没有。他只知道它还没有完成，还可以改进；正是这些知识让他继续前进！
我们是否会独自一人度过每一天，为可能取得成功或失败的工作而奋斗，也许会令人沮丧、沮丧或痛苦？或者我们是否像伟大的运动员那样通过工作谋生？或者我们是否因无休止的头脑风暴或闲聊而寻求短期关注或验证而分心？

Fac, si facis（如果要做，就做。）。

还有另一个合适的拉丁表达：Materiam superabat opus（工艺胜过材料）。我们从我们的基因、情感和财务状况出发，但重要的是我们用这些材料制造了什么——或者浪费了！

作为一名年轻的篮球运动员，比尔·布拉德利经常提醒自己：如果你不练习，别人会练习；如果你不练习，别人会练习。"同样，圣经说："那些主人来时发现自己醒着的仆人有福了。你可以说服自己，你投入了足够的时间，或者假装你正在工作；最终有人会来测试你的职业道德——或者发现有什么问题！

布拉德利后来成为全美最佳球员、罗德奖学金获得者、纽约尼克斯队的两届冠军，并最终成为美国参议员，这表明了什么样的奉献精神可以取代你。

既然不努力就不可能取得胜利，所以我们现在就必须抓住它。

如果工作就像打开血管一样毫不费力，让天才涌出，那不是很神奇吗？或者，会议是否可以成为展示您的才华并让每次会议都受到启发的机会？使用这种逻辑，我们可以走到画布前，在上面涂上颜料，然后看到现代艺术出现在我们面前？不幸的是，幻想或谎言在现实生活中不可能存在。

回到另一个陈词滥调：Fake it 'til You Make It（适应，直到重大突破出现）。在我们竞争激烈的世界中，区分真正的生产者和熟练的自我推销者可能很困难，许多人会转向这种策略，以便玩信心游戏并赢得他们无法获得的机会。但真诚不应该要求其他人假装——这应该随着时间的推移而自然而然地发生。那么为什么有人会自己尝试更少的事情呢？

每次你坐下来工作时，提醒自己：通过延迟对这项任务的满足，我推迟了即时的满足；通过棉花糖测试；赚取我的野心所要求的东西，并投资于自己而不是自我。
承认自己做出了这个选择，但只是短暂的；现在是回归练习、工作和提高自己的时候了。

工作意味着当其他人因天气恶劣而呆在室内时，独自一人在赛道上。工作意味着克服痛苦和糟糕的初稿/原型来完成你的工作；无论别人受到什么赞扬，也无论你受到什么赞扬；因为有些工作需要做，尽管它可能带来任何挑战，但它本身并不会变得美丽。

一句古老的谚语说：你可以通过工人留在地板上的碎片来辨别工人的情况。认真对待这个建议，要准确评估进度，只需低头看看你的楼层即可。

第13章：当谈到未来的成功时，自我是我们的敌人……

卑微往往可以成为年轻人的野心扎根和成长的平台。

——莎士比亚 我们知道我们的最终目标是：成功。我们渴望在社会上留下有影响力的印记，同时为我们自己和我们所代表的人积累财富、认可和地位。理想情况下，我们想要这一切。

问题在于我们缺乏信心，相信谦卑会让我们到达想去的地方。害怕谦虚意味着"被征服、被践踏、被尴尬、被无关紧要"。

在他的职业生涯中期，我们虚构的谢尔曼可能用几乎相同的术语来描述自己。他没有赚到多少钱，也没有赢得任何著名的战斗；他和其他人的名字都没有成为头条新闻或被广泛宣传。也许在内战之前，他就开始质疑自己选择的这条道路是否真的能带他走向好的地方。

这种想法创造了浮士德式的讨价还价，将最高尚的野心转化为无耻的沉迷。起初，自我可能表现出适应性；疯狂可以被视为大胆，妄想可以被视为自信；以无知换取勇气——然而，所有这一切都只是将代价推迟到以后。

回顾某人的一生，没有人说过，过分的自我是值得付出代价的。

在讨论组织内的信心问题时，我会想到 Ira Glass 的品味/人才差距概念。

创意工作可以非常吸引人；我们这些这样做的人往往会因为我们有很好的品味而参与其中。然而，刚开始时常常会遇到困难。与后来相比，你可能会在最初几年创作出不太出色的作品。
你的食谱可能不太好；然而，它有志向和品味，以达到伟大；然而，它在执行上的不足却让您和其他美食家都不满意。你的品味一开始就吸引了你进行这项尝试，并且仍然足够强烈，以至于你可以看出，出来的东西对你的味觉来说相当令人失望。

当我们对工作和自己产生冲突或不满时，自我可以提供安慰。没有人喜欢向内看，发现自己所取得的成就没有达到预期——因此，我们可能会利用人格的力量或动力和激情来掩盖现实，并用更有力的防御机制来掩盖我们的缺点。或者我们可以诚实地接受我们的缺点，并投入时间和精力来改进它们——这可以帮助我们进一步谦虚；看看我们的才能以及发展的领域；然后努力在我们的职业生涯中养成持久的积极习惯，这些习惯将持续我们的整个职业生涯和过去。

在谢尔曼的时代，自我可能很诱人。现在，当兰斯·阿姆斯特朗 (Lance Armstrong) 为 1999 年环法自行车赛进行训练或巴里·邦兹 (Barry Bonds) 考虑进入 BALCO 诊所时，我们可以更直接地看到它的诱惑。傲慢和欺骗引诱我们；我们高估了不惜一切代价取胜，同时过分强调了不惜一切代价取胜的重要性——我们告诉自己，每个人都在这样做；不使用果汁也没有办法打败他们！

实现良好的抱负意味着尽管有干扰，但仍能平静自信地面对生活，而其他人则拄着拐杖寻求支持。真实需要忠于自己：挺身而出，抵御诱惑，通过屈服来减少焦虑；忠于自己作为一个个体的真实身份，在遇到的一切事情上忠于自己，尽管它可能会带来任何痛苦；不存在。

谢尔曼在选择职业时做出了正确的决定，以便为他的国家和历史最需要他的时候做好准备，使他能够承担即将落在他身上的巨大责任。让他成长为一个有野心但有耐心、创新但不大胆、勇敢但不冒险的人；确实是一位杰出的领导者！

现在你的机会是掌控一切，玩一场非传统的游戏，冒险实现可能永远改变生活的大胆目标。但请注意——前面的事情将以你无法想象的方式受到考验，因为成功会产生自己的一系列压力，包括那些由你的自我带来的压力！

您准备好了解这意味着什么了吗？现在是你的机会。

第 14 章：遵循这些准则，今天就能取得成功。

我们终于到达了一座我们孜孜不倦地攀登的山顶——或者至少它就在眼前！但现在，在一个无情的环境中，新的诱惑和问题正在等待着我们，而成功本身似乎转瞬即逝。为什么成功似乎转瞬即逝？自我缩短了它。即使突然或缓慢的侵蚀也可能突然结束——我们停止学习，我们停止倾听，我们忘记真正重要的事情——我们成为自己和竞争的受害者。清醒、开放的思想、组织性和目标是很好的稳定剂，有助于平衡伴随成就或认可而来的任何自豪感或自负感。

两个截然不同的人物呈现给我们供我们思考和模仿；其一，野心勃勃，贪图无度；其二，谦虚谦虚，公正正义。两个模型或图片可以作为模型，我们可以从中塑造我们的性格和行为；一种的色彩更加艳丽多彩，另一种的轮廓更加精致和美丽。

老霍华德·休斯 (Howard Hughes Sr.) 是一位发明家和工具大亨，1924 年 1 月在一次商务会议上突发心脏病，突然去世，享年 54 岁。霍华德的儿子小霍华德·休斯 (Howard Hughes Jr.) 当时年仅 8 岁。他的去世让他的儿子失去了父亲般的角色来照顾他或开展任何商业活动；相反，他选择了一种与社会隔绝和孤立主义的平静生活作为他的遗产。

年轻的休斯做出了一个具有远见卓识的非凡举动，他决定购买其亲戚的所有股份并亲自控制整个公司，不顾他们的反对，并且在法律上仍被视为未成年人。通过这样做，休斯获得了一家企业的所有权，该企业将在其 100 年的生命周期内产生数十亿美元的利润。

年轻的休斯在没有太多商业经验或正规教育的情况下，在创立休斯帝国时做出了一个大胆而鲁莽的商业决定。在他的职业生涯中，他积累了有史以来最尴尬、最浪费、最不诚实的商业记录之一——创造了比资本主义企业更接近犯罪活动的东西。回想起来，他掌舵的岁月比任何时候都更像一场令人尴尬的犯罪狂欢，而不是任何资本主义冒险。

休斯才华横溢、富有远见且才华横溢，这是无可争议的。就是这样。休斯是一位名副其实的机械天才，也是航空业早期最勇敢的飞行员之一——他本人就是一位杰出的飞行员！此外，作为商人和电影制片人，他具有不可思议的能力来预测影响广泛的变化，这些变化最终不仅改变了与他相关的行业，而且改变了整个美国。

然而，为了自我推销而剥去他的传奇和名气后，他的形象只剩下一个：一个狂妄自大的人，挥霍了数亿财富，却没有为后继者留下任何有价值的东西，最终在贫困中惨死。

不是偶然的，也不是由于外力或竞争造成的；相反，这几乎完全是由于他自己的行为。

休斯立即放弃了他从家人那里为自己购买的工具公司，只是继续吸走其现金储备。他离开休斯顿，再也没有踏足公司总部，而是搬到了洛杉矶，追求成为一名电影制片人和名人。

在大萧条袭来之前，休斯在床边交易股票时损失了超过 800 万美元。《地狱天使》耗时三年，耗资 420 万美元；其制作成本估计为 150 万美元，而其预算为 420 万美元；在此过程中，他的工具公司几乎破产。在第一次未能吸取教训后，休斯于 1930 年初在克莱斯勒股票交易中又损失了 400 万美元。

在离开学术界并通过作为国防承包商创立休斯飞机公司而涉足航空业后，休斯发现自己在履行商业和个人义务方面举步维艰，同时他还与作为发明家的严重个人悲剧和公司失败作斗争。尽管休斯作为发明家和创造者取得了许多成就，但这次冒险最终还是失败了。他在二战期间签订的两份总价值 4000 万美元的合同是史诗般的失败，给他自己和美国纳税人带来了巨大的损失。休斯因开发并驾驶有史以来最大的飞机之一而闻名：云杉鹅。休斯将这架大型飞机称为"大力神"，花了五年时间并花费了大约 2000 万美元才完成一次大约一英里的飞行 - 距水面仅 70 英尺！根据他的订单和费用，这架飞机在长滩的一个空调机库中放置了多年，估计每年花费一百万美元。休斯决定更深入地涉足电影业务，收购了雷电华电影制片厂，并在几年内遭受了超过 2200 万美元的损失（当他把它搞砸时，员工从 2000 人减少到不足 500 人）。他厌倦了工具公司的这两项业务，因此完全解散了国防合同业务，并将其管理权交给了高管——尽管休斯在场，但后来事实证明这一举措取得了成功。

乍一看，为了避免进一步深思熟虑，人们很容易就此停下来——但这意味着忽视休斯广泛的税务欺诈；他的飞机失事和致命车祸；数百万美元花在私人调查员、律师、他拒绝让他根据合同行事的小明星合同以及他从未居住过的财产上；只有公开曝光才能让他表现得负责任；他的偏执、种族主义、欺凌行为以及失败的婚姻、毒瘾以及他管理不善的众多企业和企业。
年轻的琼·迪迪恩写道："我们对霍华德·休斯的庆祝告诉我们一些关于我们自己的有趣的事情。"她说得完全正确：休斯尽管名声大噪，却是 20 世纪最糟糕的商人之一；大多数此类行动都失败了并且没有留下任何痕迹，因此很难确切地查明他们的努力失败的原因；得益于他父亲的公司所产生的利润（休斯发现这太乏味而无法干涉），休斯成功地维持了生计，让我们亲眼目睹了他的自我对自己、他人以及他想要实现的目标造成的伤害。

霍华德慢慢陷入疯狂的过程值得进一步说明。他的传记描绘了他赤裸上身、未洗脸、蓬头垢面地坐在他珍视的一张心爱的白色椅子上，夜以继日地工作，阻挠律师、调查、投资者，并掩盖可耻的秘密，这些秘密可能会瓦解他的帝国并暴露其可耻的秘密。他会发出关于纸巾或食物准备的看似不合理的备忘录，员工不应该直接与他讨论；然后会想出绝妙的策略来智取债权人和敌人。他们难以置信地指出，IBM 被一分为二。据他们称，"IBM 似乎建立了两家子公司——一家生产计算机并盈利，另一家生产 Edsels，但亏损"。如果有人想要将自我和破坏结合在一起，那么很少有图像可以超越这样的景象：一个热情的人一只手朝着他的目标努力，同时用另一只手同样努力地破坏它们。

霍华德·休斯既不是完全疯了，也不是完全正常。相反，他的自负，由于他所造成的飞机和车祸造成的身体伤害以及各种成瘾，使他陷入了我们几乎无法想象的黑暗。霍华德在短暂的清醒时期会表现出敏锐的头脑，有时他会做出一些最出色的动作，但随着时间的推移，这种情况变得越来越少，直到霍华德最终被狂热和创伤以及他的自我所征服。独自一人——最终杀死了霍华德，在霍华德最终被两人杀死之前，两人都以一人之力所能做到的程度杀死了霍华德。

只有那些想看到它的人才能看到它。将自己想象成叛逆的亿万富翁、古怪的世界知名人物、愿意冒一切风险来换取看似毫无回报的人，会更有吸引力。霍华德·休斯在他自己建造的庇护所里孤独地死去。可悲的是，他从所得到的一切中几乎没有享受到任何快乐。但最重要的是——浪费了本应更好地利用的人才、勇气和精力，反过来又给人类带来了更大的美国梦希望。
亚里士多德指出，没有美德和训练，就很难适当地接受好运。我们可以向休斯学习，因为他的失败是显而易见的。他对聚光灯的持续需求，无论多么不讨人喜欢，都为我们提供了一扇了解自己的窗口：我们的倾向、挣扎和成功的喜悦，在他动荡的生活中展现出来——好莱坞、国防工业、华尔街和航空工业都是目标他巨大的自我和破坏性的道路 - 我们看到了一个我们都有共同冲动的人的例子！

然而，他并不是历史上唯一遵循这种轨迹的人。你会追随他的脚步吗？

有时，自我意识会在上升过程中受到抑制。一个强大的想法、完美的时机或出生于财富和权力可能会暂时支持甚至补偿过于强大的自我。当成功到来时——就像刚刚庆祝的冠军球队那样——自我开始用我们的思想玩游戏，削弱最初让我们获胜的意志。帝国总会崩溃；因此，我们应该考虑帝国为何以及如何倾向于从内部崩溃。

哈罗德·吉宁被广泛认为建立了现代国际企业集团模式。通过一系列收购、兼并和接管（总共超过 350 次），他将 ITT 的收入从 1959 年的 100 万美元增加到 1977 年的近 170 亿美元 - 在一些人认为他的影响力变得太大之前就退休了。吉宁本人可能被描述为一个自我主义者。尽管如此，他还是公开谈论了其对行业的影响，并警告其他高管不要出现这种倾向。

"吉南在他关于企业高管在工作中患病的标志性声明中指出，酗酒不一定是最严重的疾病；相反，它是自我中心主义。"在《广告狂人》时代的美国企业界存在着严重的饮酒问题，但不安全感、恐惧和客观性会相互影响——这使人们对现实视而不见，同时进一步放纵他们的个人利己主义——在生活在自己的世界中时对现实视而不见——成为对于在他手下工作的人来说，这很危险，因为他们真诚地相信他不会做错事。"吉宁在回忆录中写道，当面对这些疾病时，他们可能会变得难以控制，甚至在彼此指导下工作是危险的——这是其他行业以前从未见过的！

一旦我们庆祝自己完成了某件事，自我就会大肆破坏，告诉我们我们很特别，比其他人都更好；因此这些规则不适用于我。
维克多·弗兰克尔（Viktor Frankl）说得最好："人受内驱力驱动，但受价值观牵引。"如果我们希望我们的成功超越昙花一现，那么了解这种新形式的利己主义以及克服它所需的原则是实现这一目标的重要步骤。

成功可能令人陶醉，但要维持它需要谨慎和节制。如果我们认为自己已经知道了一切，我们就无法学习；我们也不应该成为自己的神话或外界噪音和闲聊的牺牲品；相反，我们应该承认我们是一个相互依存的宇宙的一部分，并专注于围绕我们所做的事情开发系统和组织，这些系统和组织以工作本身为中心，而不是以我们自己为中心。

休斯被自我摧毁了。在我们职业生涯的某个时刻，我们都会面临类似的选择——无论是白手起家还是代代相传；经济财富或发达的人才；同样的熵原理现在威胁着你的成功，就像他们现在寻求摧毁你的成功一样。

你能成功还是它会毁了你？

第15章：永远学习

我遇到的每个人都以某种形式充当我的老师，从这种关系中我获得了知识。

成吉思汗一生是一位传奇人物：一个充满杀戮欲望的大胆野蛮征服者，他对周围的文明社会造成了恐怖。今天我们仍然认得他的名字！

蒙古统治者成吉思汗领导着一支贪得无厌的蒙古部落横扫亚洲和欧洲，贪得无厌地掠夺、强奸和杀害，不仅是他们路上的个人，而且是他们在无情前进时所创造的整个文化——只是为了让这种威胁作为他们的遗产消失在历史中。尽管他们进行了血腥的掠夺行为，但他们从未忍受过。就像他们之前的游牧战士一样，这片可怕的云彩只是瓦解了，因为没有什么持久的东西能够屹立不倒，因为与他们的游牧战士队伍相比，蒙古人没有创造出任何具有持久价值的东西，可以随着时间的推移而持续存在——与他们的游牧战士前辈不同，这朵云彩只是从历史中消失了，因为蒙古人没有建造任何持久的东西。

正如反动的、情绪化的评估中经常出现的情况一样，这种解释大错特错。成吉思汗不仅是有史以来最伟大的军事思想家之一，也是有史以来最伟大的军事思想家之一。他也是一个不断学习的人，他的惊人胜利往往是通过将他所遇到的每种文化的创新融入到他的帝国中来实现的。

"成吉思汗在他的统治和随后几个世纪的王朝统治中体现了一个关键特征：占有。"在成吉思汗的领导下，蒙古人善于从其他文化中获取比征服本身更好的东西。即使在他的统治期间没有创造出技术发明或美丽的建筑或伟大的艺术，他们的文化也会在他们面对的每一次战斗或他们征服的敌人中学到一些新的东西——这不是由于非凡的才能，而是"广泛的务实学习周期"在他独特的纪律和专注的意志的推动下，进行实验性的适应和不断的修改。"

由于他非凡的学习意愿，他是世界上最伟大的征服者之一。没有其他征服者对增长有如此开放的态度。

可汗借鉴邻国统治者的战术，通过重组他的军队，将其组织成每组十名士兵，从而取得了早期的成功。
突厥部落无意中帮助蒙古人皈依了十进制。很快，他们不断扩张的帝国向他们介绍了一些他们以前从未经历过的东西：有城墙的城市。在中国工程师的帮助下，汗很快就熟练地通过西夏袭击围攻坚固的城市，并很快学会了攻打工事的错综复杂的战斗，以及围攻能够突破城墙的攻城机器所必需的战术。后来他教他的士兵如何建造可以轻松击倒他们的攻城机器。当汗对女真人发动战争时，他了解到在自己和他所征服的人民之间培养良好关系的价值。可汗与每个被征服领土的学者和王室密切合作，比大多数帝国更成功地管理他的领土。然后，汗将在他控制的每个国家或城市雇用一些最聪明的占星家、抄写员、医生、思想家和顾问，以协助他的部队的努力；正是出于这个原因，他的部队出行时配备了审讯员和翻译。

他们的文化习惯是保持和平。虽然蒙古人本身往往只专注于战争，但他们利用他们遇到的每一位熟练工匠、商人、学者、艺人、厨师和熟练工人来为自己谋取利益。蒙古帝国以其宗教自由和对新思想和文化的开放态度而闻名，特别是它热爱学习和文化融合。例如，它首次将柠檬引入中国，首次将中国面条引入西方国家。此外，波斯地毯、德国采矿技术、法国金属加工技术和伊斯兰教也被引入到整个领域。据说，它的大炮是中国火药、穆斯林火焰喷射器和欧洲金属加工技术通过蒙古人对学习和新思想的开放态度而融合在一起的结果；大家一起创造革命战争，彻底改变战争！

随着我们取得成功，新的情况和问题也会出现在我们面前。新晋军人必须学政治；业务员、管理人员；创始人授权；作家编辑他人的作品；喜剧演员在舞台上现场表演，或者厨师转型为餐厅老板，经营家里的其他部分，这些只是他们面临的一些挑战。

负责帮助开发氢弹的科学家之一约翰·惠勒曾经指出，"随着我们知识岛的扩大，它的边缘也在扩大。"换句话说，每一次让汗变得更聪明的胜利或进步也让他接触到了以前从未遇到过的新情况——需要谦逊和自我意识来接受即使你获得了知识，你也知道得更少；请记住，苏格拉底是明智的，因为他知道还有很多东西他不明白！
成就带来了越来越大的压力，要求我们表现得比实际知道的更多，或者相信我们已经拥有所有知识。科学膨胀（知识扩展），既带来担忧，又带来风险：自以为无所不知，而真正的理解是一个持续、渐进的过程。

九次获得格莱美奖和普利策奖的爵士音乐家温顿·马萨利斯 (Wynton Marsalis) 曾就如何学习音乐向一位有抱负的年轻音乐家提出建议："谦逊可以通过抵制阻碍真理浮现的傲慢来促进学习。展示自己；你不以自己的方式行事……你知道如何判断一个人是否真正谦虚吗？一个简单的测试：谦虚的人不断观察和倾听，同时不断改进，而不是假设他们知道方法。

无论生活将你带到何处，请永远做一名学生。如果不继续你的学习经验和探索新的视野，你的生命很快就会结束。

学习不应该只是初学者的事；相反，它应该成为我们日常生活的一部分。向我们周围的每个人、每件事学习——那些你打败或被打败的人、那些你不喜欢的人，甚至那些被认为是敌人的人——总有机会发现一些有价值的东西；即使这个教训有时只能起到补救作用，我们也不能让自我阻止我们聆听宇宙所教导的内容。

很多时候，我们对自己聪明的看法让我们留在一个孤立的泡沫中，这确保我们永远不会感到愚蠢（并且永远不会受到学习或重新考虑我们所知道的东西的挑战）。它使我们看不到我们理解中的差距或弱点，直到为时已晚；这就是无声成本自然发生的地方。

当我们追求自己的技艺时，我们每个人都面临着自我的威胁，它引诱我们放弃学习。当我们的自我说服我们已经毕业时，学习就会戛然而止；因此，弗兰克·沙姆洛克（Frank Shamrock）曾建议："永远不要停止做学生；永远不要停止做学生。"终身学习永无止境。"

解决方案既简单又一开始会让人感到不舒服：开始阅读一些你知之甚少或一无所知的东西，将自己置于自己知识最最少的人的境地，并故意让自己接受根深蒂固的假设的挑战。转变你的心态。改变你的周围环境。

业余爱好者是防御性的；专业人士发现学习（和出现！）很有趣；他们喜欢接受挑战和谦卑，将教育视为一个持续、永无止境的过程。

大多数军事文化和人民都试图将价值观强加给他们所遇到的事情并对其进行控制，而蒙古人则以能够客观评估每种情况、根据需要进行调整并在必要时将以前的做法替换为新做法的能力而著称。所有伟大的企业都是这样开始的，但最终会发生一些事情——以颠覆理论为例——一个行业最终会被现有利益根本无法跟上的某些趋势或创新所颠覆。为什么企业不能改变和适应？

一个关键原因是他们失去了学习能力，完全不再是学生了。一旦发生这种情况，你的知识就会变得脆弱。

彼得·德鲁克（Peter Drucker）是最重要的管理者和商业思想家之一，他指出，学习不应该仅仅被视为我们的愿望；而应该被视为我们的愿望。随着人们的发展，有必要了解他们如何学习，以便他们能够实施确保持续教育的流程 - 否则我们就有陷入自我无知的风险。

第16章：别给自己讲故事！

神话通过反复讲述而成为传奇，而不是通过亲身体验而成为传奇。

从 1979 年开始，比尔·沃尔什 (Bill Walsh) 带领旧金山 49 人队从橄榄球界最差的球队之一成长为顶级球队之一。

史蒂夫·杨只用了三年时间就带领他的球队从无能到赢得超级碗——这在以前似乎是不可能的！现在，当他将隆巴迪奖杯举过头顶时，他可能很容易说这是他从第一天起就计划的事情，而几十年后，当他编写回忆录时，这很容易成为他的官方故事情节。

这是一个引人入胜的故事：他的接管、扭亏为盈和转型都是精心策划的，一切都完全按照计划进行，因为他就是那么优秀和才华横溢。没有人会发现这种叙述的错误。

然而沃尔什拒绝沉溺于这样的幻想。当人们问沃尔什是否有赢得超级碗的议程时，他的回答总是"没有"。在接手了这样一支毫无前途的球队之后，再坚持这样的野心就没有意义了。

在他到来之前，49人队的战绩是2胜14负，士气低落，支离破碎，没有选秀权，并且根深蒂固地陷入了失败的文化之中。在他执教的第一个赛季，他们又输掉了十四场比赛，并在第二年中途差点退出——然而在接手后二十四个月（距离差点退出大约一年），他们就成了超级碗冠军"天才"。

这是如何发生的？这是"计划"的一部分吗？

回答这个问题需要了解比尔·沃尔什接手时的方法。他并没有仅仅关注胜利本身，而是实施了他所谓的"绩效标准"，或者应该做什么、何时以及如何做。在其核心层面。
沃尔什制定了一份时间表，重点是在整个组织内灌输标准。

他专注于看似琐碎的细节：球员不能坐在训练场上；教练必须打领带，把衬衫塞进马甲里；每个人都需要付出最大的努力和承诺；体育精神至关重要；更衣室应保持整洁、干净，室内不得吸烟、打斗或脏话；四分卫被指导如何持球；巡线员进行了三十种不同的关键演习，同时对通过的路线进行监控并分级至英寸等级；练习是按分钟安排的！

如果认为这个标准是关于控制的，那是不准确的。相反，它的重点是通过看似简单但严格的标准灌输卓越精神，这些标准比任何宏伟愿景或权力之旅都更重要。据他说，当球员自己照顾好每一个细节时，"分数就会自然而然地实现"，成功也会随之而来。

沃尔什有足够的自信和谦逊，知道这些标准将带来胜利，但他永远无法预测那个重要时刻何时到来。它比以往任何教练都来得更快，这纯粹是比赛的运气，而不是因为他有任何宏伟的愿景；一位教练甚至在他的第二个赛季向沃尔什的老板抱怨沃尔什过于注重细节，没有具体的目标去奋斗，沃尔什因此解雇了那位教练，因为他们不服从命令，对他说闲话，并因为他们不服从命令而解雇了他们。他并因为他的不服从而解雇了他们！

人们渴望相信那些拥有伟大帝国的人是有意地着手建立它们的。我们想要这样，这样我们就可以沉迷于我们愉快的计划，并充分相信发生的任何好事或我们所获得的财富和尊重。叙事是当一个人回顾一条看似不可能的通往成功的道路时说：我一直都知道这一点，而不是说：希望、努力工作、休息一下或认为这可能会发生——尽管事实上这些可能都是信仰——驱动的假设，而不是基于信仰的知识，而不仅仅是知识——谁想记住我们怀疑自己的那些时光？

根据过去的事件编造故事是人类的本能，但危险且不真实。构建我们自己的叙述可能会导致傲慢；在我们还必须生活的时候把生活变成虚构。作者托比亚斯·沃尔夫（Tobias Wolff）在《老派》（Old School）中写道，这些解释后来被或多或少地真诚地拼凑在一起，然后被一遍又一遍地重复，从而阻碍了所有其他探索途径。
比尔·沃尔什（Bill Walsh）明白，真正对他的团队的转型和胜利起到重要作用的是绩效标准（看似微小的细节），而不是任何诸如自称"天才"之类的浮夸姿态。为了避免成为头条新闻，当记者称呼他这样的名字时，他没有回应。

接受标题和叙述并不是无害的个人放纵；这些叙述不会改变历史，但确实有能力以负面方式影响我们的未来。

他的球员们很快就证明了过于字面理解故事所带来的危险。和我们大多数人一样，他们愿意相信自己看似不可能的胜利是由于特殊性而不仅仅是运气。在他们第一次赢得超级碗冠军后的两个赛季，他们因为胜利带来的过度自信而遭受了巨大的损失——由于过早地相信自己尚未拥有的能力或对自己的快速发展思考得太深，输掉了 22 场比赛中的 12 场。成就意味着他们以及放松最初为他们提供动力的努力和标准。

只有当球队全心全意地致力于达到绩效标准时，他们才开始再次获胜（十年内又赢得了三个超级碗冠军和九个分区或分区冠军）。当他们把故事放在一边，专注于完成手头的任务时，他们又像以前一样开始获胜了。

一旦你赢了，每个人都想分一杯羹。一旦到达顶峰，您在阳光下的时光就会变得非常充实。由于更高的风险和更严格的容错空间。如果您想保持成功并成长为个人，倾听和接收反馈现在变得比以前更加重要。

事实胜于故事和图像。伯纳德·巴鲁克 (Bernard Baruch) 有句著名的建议：不要试图在底部买入并在顶部卖出，因为这只能通过谎言来实现。人们关于其市场活动的说法很少值得信任。亚马逊创始人杰夫·贝索斯 (Jeff Bezos) 深知这种诱惑，他提醒自己，无论人们在新闻剪报中读到关于亚马逊的什么内容，在亚马逊发展成为一家价值十亿美元的公司的过程中，都没有"顿悟时刻"。创建公司、在市场上赚钱或开发创意都是混乱的努力，它们会产生虚假的清晰感，而这种感觉从来没有实时存在过，也永远不会存在。

当我们努力争取成功时，重要的是要克制住重复别人故事的冲动，因为我们要走自己的路。然而，一旦实现了，我们就必须抵制任何假装一切都按计划进行的愿望，而实际上，在你眼前展开的事情背后并没有任何宏大的叙事。记住你在场！

谷歌的一位创始人曾在一次演讲中表示，他评估潜在公司和企业家的一种方式是问自己"他们是否会改变世界"。尽管这句话听起来很吸引人，但这并不是谷歌的开始方式——拉里·佩奇和谢尔盖·布林正在斯坦福大学写论文；YouTube 的设计初衷并不是为了重塑电视；而是为了重塑电视。它的创始人只是分享有趣的视频；随着时间的推移，大多数真正的财富也不是这样产生的。

几十年后，保罗·格雷厄姆 (Paul Graham，一位帮助创立 Airbnb、reddit、Dropbox 等的投资者) 与沃尔什在同一座城市生活和工作，并建议初创公司不要在发展过程中过早采用宏伟的愿景。当然，作为资本家，他更喜欢那些颠覆行业、改变全球格局的公司；那就是他的钱所在。他寻找具有"雄心勃勃"的想法的初创公司，这些想法从小处起步，然后发展成为真正具有里程碑意义的东西。"要做大事，必须从小事做起。"他建议从小事做起，逐步增强野心。"保持你的身份小"在这里很合适；专注于做出有影响力的声明的作品，而不是引起媒体报道的宏大愿景。

拿破仑题写"走向命运！"写在他送给妻子的结婚戒指上。这句话是他证明自己最大胆、最雄心勃勃的计划的方式。不幸的是，这也导致他超越了自己，直到他真正的命运包括离婚、流放、失败和臭名昭著——塞内卡提醒我们，任何伟大的命运都必须涉及伟大的奴役。

把自己归为"天才"可能是危险的；但当我们允许傲慢自大地说服自己我们是一体的时候，情况就更是如此。同样，我们职业生涯上的任何标签——例如电影制片人、作家、投资者、企业家或高管——不仅与现实相冲突，而且与他们成功背后的任何策略相冲突。认为成功是自然而然的想法会让我们走上一条错误的道路，并可能导致我们高估创造力、毅力和运气作为重要贡献者。

谷歌与其自身根源的疏远（将愿景与技术知识混为一谈）最终将导致其陷入困境;事实上，谷歌眼镜和 Plus 等公共失败可能已经证明了这一事实。艺术家常常持相反的观点:他们的愿景与科学和技术专业知识相混淆。
仅仅依靠灵感或痛苦来为艺术提供动力的艺术家最终会发现自己陷入了瓶底或针尖上。

因为这就是让我们留在这里的唯一原因。

第17章：你的优先事项是什么？

认识和理解什么对你来说是重要的，是老年智慧和长寿的关键。

内战结束时，尤利西斯·S·格兰特和威廉·特库姆塞·谢尔曼是两位最受尊敬和尊敬的人物。

美国。在为胜利做出贡献后，美国人被解除了职务，对这个国家心存感激，让每个人自由地追求自己想要的生活道路——只要它不危及他人或威胁美国本身。

鉴于这种自由，谢尔曼和格兰特采取了不同的道路。谢尔曼避开政治，拒绝了支持者要求他竞选公职的任何请求（他后来告诉他们"我拥有我想要的所有级别"）。在似乎控制了自己的自我之后，他最终退休到纽约市，看起来很幸福和满足。

格兰特对政治没有什么偏好，正是因为不擅长玩弄政治，所以在兵役上表现出色。尽管如此，他还是追求了美国历史上最高的职位之一：总统。在以压倒性的票数当选后，他领导了有史以来最腐败、最有争议、最没有效率的政府之一。华盛顿虽然在其他方面是一个好人和忠诚的人，但很快就对他失去了兴趣。在两届任期后，格兰特成为一个经常被诽谤和争议的人物，这对他来说几乎是令人震惊的——几乎对他的两届任期结束感到震惊。

当选总统后，格兰特几乎投入了他所有的每一分钱，与颇具争议的投资者费迪南德·沃德 (Ferdinand Ward) 创建了一家金融经纪公司 - 就像他之前的伯尼·麦道夫 (Bernie Madoff) 一样，沃德将其变成了庞氏骗局并公开破产了格兰特。谢尔曼对格兰特表示同情和理解：他"的目标是与百万富翁竞争，他们会为他的胜利付出一切"，但他自己却取得了如此少的成就。格兰特取得了很多成就，但从未体验到这一切的成就感或幸福感。
不幸的是，这还不够。他无法辨别生活中什么对他真正重要。

事情常常不会按照我们的意愿发展——我们似乎永远不会满足于自己拥有的东西，而渴望别人拥有的东西，总是努力比同龄人拥有更多。虽然最初知道什么对我们最重要，但一旦实现了我们的目标，就很容易忘记优先事项；我们的自我可以使我们完全远离它们并完全妥协。

出于荣誉感和偿还公司债务的压力，格兰特以无价的战争纪念品作为抵押获得了一笔贷款。一边应对痛苦的咽喉癌，一边在去世前争分夺秒地完成回忆录——但还是勉强完成了！-

想到这位英雄的生命力被耗尽，人们会感到不寒而栗，他在痛苦和失败中死去，年仅六十三岁——一个诚实的人，无法控制自己，无法专注于他的天才——如果他们使用的话，他可能会创造更多的人生这些年有所不同，并在美国和其他地方取得了更多成功。他还能取得什么成就和贡献？

这并不是说他是唯一一个这样做的人。我们所有人都经常屈服于来自模糊的吸引力、贪婪或虚荣的压力，不假思索地说"是"，或者纯粹出于冲动、贪婪或虚荣。因为如果我们拒绝，我们就会害怕错过；相信"是"可以让我们完成更多的事情，但实际上它会阻碍我们实现预期目标取得真正的进展；我们常常浪费宝贵的生命去做我们不喜欢做的事情，以向我们不尊重的人证明自己，并得到我们不想要的东西！

我们为什么要做这个？显然应该是显而易见的。

自我会引起嫉妒，它的腐朽会腐蚀社会各阶层的人。自我使伟大的拥有者蒙蔽了双眼，看不到他们的真正价值，从而摧毁了伟大。

我们大多数人在开始自己的生活时都知道自己想要从生活中得到什么。我们知道什么对我们重要。快速或大量的成功可能会让我们处于意想不到的境地——换句话说，突然被推入新的环境，在那里你可能很难保持方向。

当你沿着你选择的成就之路前进时，你经常会遇到其他让你觉得自己微不足道的成功人士。不管你做得有多好；他们的成就让你觉得自己一无是处；正如其他人对你也有同样的感觉一样。不幸的是，这个循环永远不会停止；但无论如何，生活还是要继续。
有时，我们会不知不觉地加快步伐，以跟上其他出于不同目的或比赛而跑步的人。如果多个种族同时存在会发生什么？

谢尔曼向格兰特解释说，我们追求的东西可能永远不会带来真正的满足，这具有讽刺意味的"麦琪的礼物"；他们充其量也只能得到暂时的满足。我们都应该暂停一秒钟。

让我们明确一件事：竞争是生命的重要力量。它推动市场并激发人类取得令人难以置信的成就，但在个人层面上，了解自己的竞争对手是谁以及为何竞争是绝对至关重要的；了解您的空间在竞争力方面的位置将有助于您在所有努力中取得成功。

只有你知道你正在参加的比赛；否则，你的自我可能会说服你。更重要的是，我们每个人都拥有独特的潜力和目标；因此，我们必须根据这些目标来评估和设定我们的生活；他人的认可不应该成为我们觉得必须以牺牲我们的潜力和目标为代价来满足的外部标准。

根据塞内卡的说法，我们应该经常考虑希腊语"euthymia"：它描述了我们对个人道路的感觉，以及如何最好地驾驭它们，而不被跨越它们的外部干扰所分散。简而言之：这不是要打败任何人或比别人拥有更多，而是要做你自己，并做好你所做的事情，而不屈服于诱惑。Euthymia 的意思是宁静（英语）。

现在是时候让你盘点生活中真正重要的事情，并采取措施实现最重要的事情了——只有这样，成功才能变得真正令人愉快、长期和可持续。如果不采取这种方法，成功就不会带来太多满足感或成就感；更糟糕的是，它不会持续下去。

金钱问题尤其敏感。在不知道确切需要多少的情况下，默认值变为：更多。如果没有适当的思考或考虑，个人的关键精力可能会从履行自己的使命上转移到尽可能多地充实自己的银行账户上。正如抄袭者和名誉扫地的记者乔纳·莱勒(Jonah Lehrer)在反思自己失宠时所指出的那样，"不安全感和野心结合在一起"导致"无法拒绝"。

自我不会做出让步；她想要这一切。
即使你爱你的配偶，自我也会告诉你要欺骗；因为它想要的是：少花钱多办事。当事情开始变得困难时，自我说"为什么不"立即介入呢？然而，最终，太多的事情变得太多了；就像亚哈船长出于我们不再理解的原因追逐莫比迪克一样。

促使你优先考虑的因素可能包括金钱、家庭、影响力或变革、建立一个具有持久利益的组织或创造造福社会的变革——这些都是完全合法的动机——但了解是什么促使你做出选择以及它们所带来的影响对于变得聪明至关重要做出决定并坚持朝着您想要的结果前进。策略往往是相互排斥的——歌剧歌手不能同时作为青少年流行偶像表演，因为生活要求必须做出权衡，而你的自我不允许这样做。

那么你为什么要做你所做的事情呢？这是你必须向自己提出的问题，并尽可能诚实地回答。只有这样你才会清楚什么重要、什么不重要；只有这样你才能决定什么才是真正重要的；只有这样你才能轻松地说不；只有这样你才能选择退出那些不算数的愚蠢比赛；只有这样，才容易避开"成功"的人；通常来说，它们不是——至少与你自己无关，甚至与他们自己无关——只有这样你才能像塞内卡所说的那样培养安静的自信。

随着你的生活扩展，它的困难也会增加。每个人都经常相信拥有别人拥有的东西就会带来幸福的神话。有时我们需要现实检验才能认识到这种幻想是空的；其他时候，我们发现自己陷入了项目或义务之中，却没有意识到我们为什么在那里——拥有勇气和信念可以帮助阻止这些活动，以免成为占用我们时间和精力的耗尽义务。

发现为什么你想要你想要的东西，忽略那些干扰你道路的人，让周围的人觊觎你所拥有的东西。这才是真正的独立。

第18章：权利、控制和偏执

神经即将崩溃的一个明显迹象是感觉自己的工作至关重要。

当薛西斯在入侵希腊期间横渡赫勒斯滂海峡时，河水汹涌澎湃，摧毁了他所有的桥梁——仅这一行为就导致了他的失败并最终被雅典俘虏。

这时，他命人把铁链扔进河里，鞭打它三百下，用烧红的烙铁烙上它的烙印，同时吩咐人对它说："咸水流，伤人要报还主人。"毫无理由地他。你的惩罚现在开始。哦，是的：砍掉他们的头。"

伟大的历史学家希罗多德认为薛西斯的表现是自以为是的。然而，这可能是轻描淡写的；像"荒谬"和"妄想"这样的词可能更能表达他的滑稽行为到底有多么荒谬和古怪。然而这种行为是他性格的一部分。在这一事件发生前不久，薛西斯写信给一座地区的一座山，计划在其中开凿一条运河：你可以昂首挺胸，但不要给我带来任何麻烦，否则我会把你推入大海！

多么可笑而又令人悲伤啊！

不幸的是，薛西斯的妄想威胁并非历史异常。伴随着成功和权力而来的是一些最危险的妄想：权利、控制和偏执。

希望你不会变得如此精神病，以至于你开始拟人化无生命的物体并对它们造成伤害；这种疯狂很少见，但更常见的是，我们高估了自己的力量，失去了远见——变得像薛西斯一样，变成了一场令人尴尬的闹剧。

威廉·布莱克在《诗人和他的作品》中指出：成功可以对我们所有人施展魔力，并且就像一种瘾。
问题往往源于我们最初是如何取得成功的。通过蛮力或纯粹的意志力实现的壮举；创业和艺术事业都需要从无到有，财富来自战胜市场和胜算，而体育冠军则证明了他们对对手的优越性。

取得成功需要我们抛开周围其他人的怀疑和保留，拒绝拒绝，并承担潜在风险。放弃本来很容易，但我们恰恰因为没有放弃而走到了这里。面对荒谬的困难时的坚持和勇气可能看起来像是部分非理性的倾向——当成功时，这些特质就会被证明是正确的。

他们为什么不应该呢？人类的天性会认为，一旦某件事完成并以某种方式改变了世界，我们现在就拥有掌控这一切的神奇力量。毕竟，我们生活在这里是因为我们更大、更强、更聪明；我们创造了我们存在的现实。

豆豆宝宝 (Beanie Babies) 的创始人泰·华纳 (Ty Warner) 不顾一名员工的建议，并吹嘘道："如果他们把我的心放在粪肥上，他们就会买它！"然而，事实证明这是错误的，最终他的公司遭遇了灾难性的失败。后来他也险些被判入狱。

无论您是亿万富翁、百万富翁，还是只是幸运地抓住了早期机会，如果不小心管理，确定性很快就会变成致命弱点。你对更好生活的渴望或驱动你工作的野心可能一开始是真诚的驱动力，但很快就会转变为傲慢和权利；与任何控制欲类似；现在导致上瘾；想要证明怀疑者是错的很容易变成偏执狂。

是的，你的新生活可能会带来合理的压力和痛苦。从同时管理多件事到本应了解更多的人所犯的错误，以及不断增加的义务——没有人让我们做好应对这些感觉的准备，这些感觉使生活的转变比预期更具挑战性。但不要让这片乐土变得更加令人烦恼——你要下定决心，掌控一切，让这段改变人生的旅程成为你的。

阿瑟·李在独立战争期间被派往法国和英国，作为美国外交官之一，与塞拉斯·迪恩和元老政治家埃德蒙·兰道夫一起为美国服务，他觉得这令人厌恶，他不喜欢作为同事一起工作，他觉得这令人沮丧和有辱人格。
本杰明·富兰克林经常愤怒地攻击周围的人，并怀疑他们不喜欢他。富兰克林给他写了一封信，我们都应该考虑在某个时候收到这封信：如果这种脾气继续下去，就会导致精神错乱。富兰克林认为写这样一封信已经足够宣泄了。因此永远不会发送它。

聆听理查德·尼克松 (Richard Nixon) 椭圆形办公室的录音带，你会看到一幅令人毛骨悚然的疾病景象；你希望有人能给他寄这样一封信。这些录音带揭示了一个人不仅对合法的事情或他的工作（为人民服务）失去了控制，而且对现实本身也失去了控制；他的情绪在自信和恐惧之间剧烈摇摆，因为他拒绝那些挑战他想要相信的东西的信息或反馈，并满足他的愿望，所有这些都没有到达目的地——甚至连他们的良心也没有被允许进入。

在戴维斯因一些琐事变得好战迂腐后，温菲尔德·斯科特将军给时任美国战争部长的杰斐逊·戴维斯写了一封信。斯科特忽视了这一点，直到最终被迫写信给他回应，表示对那些像沙袋一样对那些他们认为无辜的人（在这个例子中戴维斯）进行攻击的人应该始终表现出同情心。斯科特写道："应该永远对那些愤怒的白痴表现出同情心，因为他们的打击只会伤害自己"。

自我可能是我们最大的敌人；它也伤害了我们最关心的人——我们的家人、朋友、客户、粉丝和客户都因此而受苦。拿破仑的一位批评者有句名言："他鄙视他寻求掌声的国家。"拿破仑总是情不自禁地将法国公民视为他可以操纵的棋子或证明他可以超越的人。简而言之，他们别无选择，只能支持或反对他，除非完全、无条件地来自他们的队伍内部。

聪明人必须经常提醒自己自己的力量和影响力是有限的。

权利假设：这是我应得的；这是我要挣的。然而，权利通过低估他人的时间和自己的时间来剥夺他人的时间。针对我们的长篇大论和言论让与我们一起工作的同事筋疲力尽；当我们自言自语或考虑聘用潜在员工时，我们夸大了自己；创造出不切实际的期望，这些期望常常超出现实中可能实现的范围。

控制可能会变成令人瘫痪的完美主义，或者只是为了将自己的意志强加于一切而进行的无休止的战斗——在追求过程中耗尽自己的精力。
我们需要的人常常让我们感到沮丧，尤其是那些沉默寡言的人，他们一直保持沉默，直到超出了他们的合作能力。我们与机场工作人员、电话中的客户服务代表以及理赔代理人进行斗争——但为了什么？最终我们无法控制天气、市场价格或个人，因此所有的努力和精力都白费了。

偏执表明我不能相信任何人；在这一努力中我对自己完全负责，除了我自己之外没有人可以依靠。这表明我周围都是傻瓜。仅关注工作、义务或我自己可能是不够的；为了获得安全感，还需要在幕后策划反击察觉到的轻视行为。

每个人都曾在某个时刻经历过与老板、合作伙伴或父母的冲突、愤怒、混乱和冲突。他们的事情结果如何？现在事情的发展方向是什么？

塞内卡有一句名言，作为一名政治顾问，他观察到破坏性偏执达到最高水平，"那些沉溺于恐惧的人只会获得更大的不适"。

不幸的是，我们不断地"追求第一"往往会促使其他人破坏和反对我们。他们认识到我们行为的本质：试图隐藏弱点、不安全感和不稳定。偏执狂造成的伤害比它所能预防的还要多，将其主人囚禁在自己的妄想和混乱之中。

您是否憧憬成功的自由？不 可能不会

因此，现在就采取行动吧。

第19章：管理自己

仅仅拥有非凡的品质是不够的；还必须对它们进行有效管理，以取得最大效果。

——拉罗什福科 1953 年，德怀特·D·艾森豪威尔 (Dwight D. Eisenhower) 结束就职游行归来，于晚上 7 点左右进入白宫，参加他就任总统的就职之夜。

当艾森豪威尔进入行政官邸时，他的首席引座员出示了当天早些时候从华盛顿特区寄给他的两个密封信封，这些信封标记为机密和秘密。他立即回应，要求他们不要再带密封的信件："永远不要给我带来密封的信封。"再说一遍——这就是我的员工的职责！"

多么势利啊！他的办公室工作已经让他头脑昏迷了吗？

艾森豪威尔很快就认识到了这一看似微不足道的事件的本质：组织内部组织混乱和功能失调的一个指标。并不是所有的事情都必须直接经过他——谁说这个信封更重要，为什么没有人事先检查一下呢？

作为总统，他的首要任务是将行政部门组织成一个高效、有凝聚力的单位，类似于他的军事单位中存在的单位——不是因为他不想自己工作，而是因为每个人都有自己的工作，信任他们并赋予他们权力。据他的幕僚长后来所说："他做最重要的事情；我尽我的一份力。"

艾森豪威尔经常在公开场合被描绘成打高尔夫球的人。虽然这个形象可能是准确的，但实际上他并不是一个懒惰的人。他知道，紧急和重要并不总是同义词——他的工作是确定优先事项，思考大局，同时相信他的下属能够按承诺完成工作。

我们大多数人可能不是总裁，甚至不是一家公司的总裁，但当我们努力提升生活水平时，帮助我们实现这一目标的相同工作习惯和系统不一定能维持我们的地位。当刚开始或很小的时候，调整对我们来说往往是很自然的事情。个人往往是独特的个体，他们会根据情况做出即时调整，有时可以通过努力工作和一些运气来弥补混乱，但这不会在专业中削减它 - 如果你不能成长，它会毁掉你起来并组织起来。

艾森豪威尔白宫的体系与约翰·德罗宁 (John DeLorean) 脱离通用汽车公司、以自己的品牌德罗宁汽车公司 (DeLorean Motor Company) 生产未来风格的汽车后的标志性汽车公司形成鲜明对比。虽然回想起来，他的成功似乎很短暂，但它的失败却意义重大。尽管今天我们可能会误认为他走在了时代的前面, 但德罗宁的兴衰却是永恒的：一个渴望权力的自恋者摧毁了自己的愿景, 同时也让他人损失了数百万美元。

德洛林认为通用汽车的秩序和纪律文化抑制了他的创造力, 因此当他开始创办自己的公司时, 他故意打破所有传统智慧和商业惯例来摆脱困境。不幸的是, 他并没有创造出他想象中的随心所欲、富有创造力的避难所, 而是发展出了一个政治专横、功能失调、甚至腐败的组织, 在自身的重压下崩溃, 最终陷入犯罪、欺诈和 2.5 亿美元的损失——与德洛林最初的梦想相去甚远。 ！

由于自上而下的管理不善, 德罗宁作为一家汽车和公司都失败了；与艾森豪威尔相比, 德洛林本人在这方面尤其无效。他不停地工作, 却没有取得积极的成果。

一位高管指出, 德罗宁"有能力识别巨大的机遇, 但不知道如何利用它们。"另一位员工将他的管理风格描述为"追逐彩色气球", 这意味着他经常从一个项目中分心, 然后完全放弃另一个项目。德罗宁显然非常出色, 但不幸的是, 仅凭这一点往往还不够。

德罗宁无意中创造了一个让他的自我得以自由发挥的环境。他相信持续的成功是他的权利, 因此经常对纪律、组织和战略规划等概念犹豫不决。结果, 员工常常没有得到足够的指导, 而其他时候则因德罗宁的指示而承受着过多的琐碎指示——这将任务委托给了他更信任的人, 因为盲目的忠诚而不是能力或技能——或者经常上班迟到, 因为德罗宁自己可能会迟到永远不要委派任务——即使是在因迟到或忙于其他事情而上班迟到后被原谅。

高管们可以在公司时间参加课外活动, 而无需为自己或公司承担任何费用；特别鼓励以牺牲业务为代价来追求让老板受益的副业项目。德罗宁在与投资者打交道时经常夸大或伪造事实。
全公司的管理人员和供应商都有饮酒的习惯。

德罗宁在做出决定时, 是受效率或责任以外的因素驱动, 他没有试图改进或修复通用汽车的系统, 而是完全抛弃了秩序, 导致了混乱, 没有人遵守规则, 没有人负责, 也没有取得任何成果——这件事没有立即瓦解的唯一原因是德罗宁高超的公关技巧让这个故事一直保持在一起, 直到有缺陷的汽车开始从生产线上下线。

这并不奇怪；德罗宁汽车公司从未从这次灾难性的汽车上市中完全恢复过来。他们的汽车无法使用, 单位成本大大超出预算, 没有足够的经销商, 他们无法将汽车交付给他们已经拥有的人；发射日是一次史诗般的失败！德罗宁汽车公司从未完全恢复。

成为一名高效的领导者可能具有挑战性！谁知道？！

德洛林很难控制自己，这反过来又阻碍了他监督他人的努力。

所以他既失败了自己，也失败了梦想本身。

管理？您所有的创造力和新鲜想法的回报是什么？或者说，成为真正的男人是你最终必须面对的现实吗？最终，我们所有人都必须成为我们曾经拒绝接受的成人监督，而是通过思考"现在我负责，事情会有所不同！"来做出暴躁的反应。

想象一下艾森豪威尔作为总统——他拥有巨大的权力。如果他组织混乱或对事情的运作方式粗心大意，人们可能会顺其自然（在他之前有很多这样的总统）。然而艾森豪威尔明白，他的国家比他自己更需要秩序和责任。相反，他把它们作为自己的优先事项。

德罗宁的悲剧在于他的想法太准确了。他的汽车是开创性的，他的模型可以发挥作用，他所有的资产和才能都可以成功地结合在一起；不幸的是，正是他的自我及其随之而来的混乱阻止了这种情况的发生，就像我们很多人所做的那样。

随着您的领域的进步和您的职责随着成功而变化，您的职责可能会相应地发生变化。随着时间的推移，决策不再是关于做，而是更多是关于做。这就是领导力的本质。适应需要重新评估和更新你的身份，同时通过放弃以前工作中更愉快或更充实的某些方面来表现出一定的谦逊。在做出这些改变时需要采取客观的态度——许多人发现这很难做到！
接受其他人可能在您认为自己有能力的领域更有资格或知识更丰富；他们的时间可能比你的更好。

是的，如果我们参与每一个小细节，那会更有成就感，可能会让我们感到自己很重要，并且被要求去灭火会让我们感到有回报和充实。虽然细节可能无穷无尽地引人入胜且常常令人赏心悦目，但大局往往难以辨认。然而，负责任意味着要考虑大局，因为有人需要具有权威人物的角色来保持整艘船顺利航行。但如果不超越你的"老板"职责——谁会呢？

不存在"正确"的系统；有时分散的结构效果更好，而有时层次结构则效果更好。每个项目和目标都需要专门适合其要求的定制方法；也许一个富有创意、轻松的环境最能满足您的需求；也许远程经营您的业务效果最好，或者也许对所有参与者直接互动都有好处。

在你的行业吞噬你之前，学会如何正确管理自己和他人是至关重要的。事无巨细的管理者是自我主义者，无法有效监督他人；那些富有魅力的梦想家在实施时也会感到无聊。但也许最糟糕的是那些将自己包裹在唯唯诺诺的孤立泡沫中的人，这些人往往会在他们身后清理干净，并创造一个虚幻的现实，使他们远离现实。

问责制需要重新调整以及更加明确和有目的的目标。

为您的组织和生活制定最高目标和优先事项。

有效的注重结果的战略需要执行和监督。只有这样才能看到真正的进步。

人们普遍认为，鱼的头会发出臭味。好吧，现在轮到你了 - 你不再是一个无知者，而是现在有责任用你的行为来拒绝潜在客户！

第20章：小心我

希勒尔(HILLEL)。二战中众多伟大的盟军将军包括巴顿、布拉德利、蒙哥马利、艾森豪威尔、麦克阿瑟和朱可夫;乔治·巴顿是一位令人印象深刻的成员。

小卡特莱特·马歇尔以荣誉和勇敢的精神服务和领导,在军事英雄和领导人中脱颖而出。

今天,第二次世界大战似乎是一场无可争议的战争,正义与邪恶交战——然而,随着时间的推移和胜利,我们已经与那些为结束这场战争而英勇战斗的右翼人士失去了联系。胜利掩盖了他们的人性。

也就是说:我们完全忘记了第二次世界大战期间盟军将军们中显而易见的政治、背后中伤、追逐聚光灯、故作姿态和贪婪。当其他将军在争夺自己的历史地位时争夺地盘时,乔治·马歇尔将军却脱颖而出。他没有从事此类行为。

马歇尔以令人瞩目的成就悄然超越了所有人,那么他的秘密是什么？

帕特·莱利是一位有影响力的教练和经理,在担任教练/总经理期间负责监督洛杉矶湖人队。

在带领迈阿密热火队和凯尔特人队多次夺得总冠军后,克里斯·波什断言,伟大的球队往往会遵循一个进化的过程。当球队第一次成型时——在获胜之前——他们往往一开始都是无辜的。如果条件允许,团队成员会聚集在一起,互相关注,为他们的集体目标而努力——波什称之为"无辜的攀登"。然而,一旦开始获胜并且媒体关注开始增加,这些简单的联系就会开始迅速瓦解。

帕特·莱利表示:"球员们会评估自己的个人重要性;胸膛会膨胀;挫败感会出现,自我也会浮现出来。"他声称"无辜的攀登"几乎总是让位于"我的病"。它可以在任何一年或任何时刻以惊人的规律性袭击任何获胜的球队。
沙克和科比无法一起打球。迈克尔·乔丹暴力袭击了史蒂夫·科尔、霍勒斯·格兰特和威尔·珀杜——他自己的球队成员！此外,安然员工为了个人利益,通过停电使加州陷入黑暗;心怀不满的高管向媒体泄露信息,希望阻止他们不喜欢的项目;向媒体泄露信息,试图阻止他们不喜欢的项目;以及包括否定在内的消极策略。

在我们的组织中,这可能意味着屈服于相信我们是优越或特殊的诱惑;我们的问题和经历与其他人的问题和经历是如此不同,以至于没有人能够理解它们。这种态度注定会出现比我们更好的人、团队和事业。

马歇尔将军是历史上的一个例外。1939 年德国入侵波兰那天，他开始担任美国陆军参谋长，并在整个第二次世界大战期间服役，他避免屈服于这一趋势，并羞辱了那些屈服于这一趋势的人。

从他与排名的平衡关系开始——这是他职业中最着迷的事情——这个故事跟随他贯穿了他的职业生涯。

他从不回避任何公开展示等级或地位的行为。例如，他要求杜鲁门总统称他为马歇尔将军，而不是乔治（他应得的！）。虽然其他将军经常竞选晋升——麦克阿瑟在第一次世界大战期间由于他母亲的大力倡导而晋升——但马歇尔积极劝阻这种做法。马歇尔要求那些推动他担任这一职位的人停止，因为这使他"在军队中太显眼了。确实太显眼了。后来，马歇尔反对众议院通过一项授予他陆军元帅军衔的法案——而不是不仅因为这听起来很愚蠢，还因为这可能会让他当时的导师潘兴将军感到不高兴或蒙上阴影，潘兴将军已濒临死亡，但仍在提供指导和建议。

你可以想象？他的荣誉感要求他拒绝荣誉，而常常将其给予其他人。当然，他想要它们，只是以正确的方式——更重要的是认识到，尽管拥有它们会很好，但它们并不是必需的；他的自我需要外部验证来达到验证的目的，而自信使他能够专注于任务而不必担心外部认可。

在我们职业生涯的最初阶段，做出牺牲可能会更容易。也许我们可以放弃大学入学，转而创办自己的公司；或者，我们可能需要稍后再放弃声望职位。一旦我们取得成功，我们的心态就会从"得到我的"转变为"我得到我应得的"。突然之间，奖项和认可变得很重要——尽管它们并不是让我们走到这一步的原因；金钱、头衔、媒体关注成为我们需要的重要资源——不是为了团队或事业，而是因为它们代表了我们自己赢得的成功。

让我们明确一点：没有人有权利贪婪并以牺牲他人的利益为代价追求自己的利益。否则只会助长一种自私的态度，最终给所有参与者带来灾难。

马歇尔经受了严峻的考验。他一生都在训练的工作——指挥诺曼底登陆部队进行有史以来最大规模的协调入侵之一——现在正在等待争夺，但罗斯福明确表示这可能是他的。如果他们愿意的话，罗斯福希望在诺曼底登陆日得到马歇尔的才能。毕竟，将军们被人们铭记的是他们的战场功绩，而不是华盛顿的行政工作；尽管马歇尔当时经常需要在华盛顿；因此罗斯福希望他担任指挥。马歇尔拒绝了，并最终将控制权交给了艾森豪威尔。

艾森豪威尔证明自己是担任这一角色的最佳人选。他的出色表现帮助赢得了战争。还有什么值得牺牲的吗？

但我们常常拒绝这样做——我们的自我阻止我们为服务我们可能参与的任何更大的使命做出贡献。

我们可以做什么？我们愿意让别人比我们占优势吗？

谢丽尔·斯特雷德(Cheryl Strayed)曾经建议一位年轻读者："你正在成为你将成为的人；不要犯下让自己的生活变得悲惨的错误。成功的最大讽刺之处在于它有可能将我们变成我们从未想成为的人首先，我的疾病甚至会破坏看似无辜的攀登。"

马歇尔遇到了一位对他不好的将军，迫使他在职业生涯的中期担任不起眼的职务。后来，当马歇尔超越这位将军并有机会报仇时，但他决定不这样做，因为无论他有什么缺点，他都看到马歇尔仍然为他的国家发挥着不可估量的作用，并且不希望它没有他就消失。因此，这位将军的所有努力并没有得到任何荣誉，而只是得到了另一项出色的工作作为感谢。

如今，我们很少听到"宽宏大量"这个词，但马歇尔却很慷慨、宽容和宽宏大量，因为根据罗斯福总统本人等高层观察家的说法，这是正确的。
杜鲁门总统指出，马歇尔将军在军事和政治方面都脱颖而出，因为"他从来没有考虑过自己"。

马歇尔曾被要求拍摄许多需要他坐着的官方肖像。在出现了几次并耐心地满足了画家的所有要求后，马歇尔终于被告知，当一幅肖像画完成并免费后，他可以离开。马歇尔站起来，准备走开，然后被他问："你不想看我的画吗？"马歇尔没有回答艺术家"不，谢谢"，然后恭敬地离开。

这是否意味着图像管理不重要？不会。当你开始职业生涯时，形象管理可能会成为你的主要目标；但随着你的职业发展，你获得了更多的成功，你可能会意识到它比其他任何事情都更让人分心——花在与记者打交道、奖项计划和营销上的时间会带走对你和你最亲近的人真正重要的事情。

谁有时间或有兴趣看自己的照片？何必呢？

那些认为乔治·马歇尔谦虚或安静的人未能理解他的特殊品质：一个与所有人类具有相似特征的人，例如自私、骄傲、尊严和野心，但这些特征都被谦逊和无私所平衡。

被同龄人牢记在心本身并不坏——这就是生活魅力的一部分！

托尼·亚当斯在他的足球教练中恰当地表达了这种平衡：为球衣正面的名字而战，他们会记住它背面的名字。

马歇尔反驳了任何认为无私和正直是弱点或阻碍进步的观念，每个人生活在一个很大程度上是由于他的影响而创造的环境中。

为什么要费心去赊账呢？谁真正在乎。

第21章：冥想无边无际

僧侣是受人尊敬的人物，他们通过冥想来与自然和人类保持合一。

1879 年，约翰·缪尔 (John Muir) 作为一名环保主义者和探险家首次访问阿拉斯加，亲自探索其峡湾和崎岖的地形。在整个旅程中，他亲身体验了它的美丽，同时也深入了解了其自然资源的未来开发计划。

冰川湾是缪尔第一次体验其变革力量的地方；他对自然的热爱一直很强烈。但这里在极北地区独特的夏季气候中，似乎自然界的一切都完美地结合在一起。就像看到他面前的每一个生态系统和生命圈一样。缪尔立刻被感动了，并开始感到"温暖并迅速对一切产生同情，被带回到我们赖以生存的大自然的中心"。幸运的是，他在日记中见证并记录了它的美丽——此后很少有人能够复制这种美丽。
在那一刻，他体验到了斯多葛学派所说的同情心——一种与自然及其更大循环的联系感。皮埃尔·阿多(Pierre Hadot)将其描述为海洋般的感觉——感觉自己是更大事物的一部分，意识到"人类的事物是浩瀚的宇宙时间和空间中的一个无限小的点"。在这样的时刻，我们找到了自由，但又被一些重要的问题所吸引：我是谁，我在做什么，以及我在世界上应该扮演什么角色。

没有什么比物质上的成功更能分散我们对这些问题的注意力：当我们总是忙碌、紧张、紧张、被依赖或依赖时。或者如果我们的自我告诉我们意义来自于活动；成为人们关注的焦点是一种感觉自己重要和强大的方式，这也是我们作为人类的一部分。

一旦我们感觉不到与任何比我们更大或更大的事物有联系，我们的灵魂和我们曾经所属的传统(无论是手工艺、运动、兄弟/姐妹情谊、家庭)就会消失。自我成为我们自己与世界上的美丽和历史之间的障碍——站在我们自己和充分体验生活之间。

难怪成功看起来是空虚的；毫不奇怪，我们感到精疲力尽；没有理由担心我们的能量会随着时间的推移而减弱；

实验：走进古战场或历史名胜，观察其雕像；你会注意到人们从那时到现在看起来是多么相似——在那个时期，从以前到永远，没有任何真正的改变。曾经有一位伟人站在这里；另一位勇敢的妇女在这里牺牲了自己；一个邪恶的富人在这个富丽堂皇的家里生活和繁荣——每一代人的经历都变得更加真实……它给人一种压倒性的感觉，其他人已经在你之前几代人来到了……

在这种时候，我们的生活呈现出广阔的前景，将自我远远抛在了后面。相反，我们敏锐地意识到爱默生的名言，即每个人都是"所有祖先的引述"，承认我们的根源并向其学习——这是缪尔在探索阿拉斯加时发现的令人兴奋的事情。是的，我们可能很小；然而，每一件作品都为塑造这个伟大的宇宙和过程做出了自己的贡献。

尼尔·德格拉斯·泰森恰当地阐明了这种二元性。人们可以同时体会到它们与宇宙的相关性和无关性，正如他们的话所证明的那样："当我仰望宇宙时，它让我意识到两方面：当我俯视宇宙时，我知道我很渺小，但却与宇宙相连——尽管人们永远不能忘记哪一方在这里存在的时间更长。"
为什么历史上有那么多伟大的领袖和思想家"走进荒野"寻找能够改变他们生活的灵感、计划或经验？仅仅是因为通过抛开日常生活，他们找到了新的视角；了解更大的图景；消除周围的噪音，听到更安静的声音来指导他们的决定 - 这反过来永远改变了历史。

创造力需要开放和接受，而不是相信一切都围绕着你。

当我们剥离我们的自我时，即使是暂时的，我们也可以轻松地看到仍然突出的东西，并且通过拓宽我们的视角，可以清楚地看到更多。

我们与过去和未来的事件是如此脱节，这确实令人悲伤。我们忘记了，在金字塔建造期间，长毛猛犸象曾经在地球上漫步。我们不知道的是，克利奥帕特拉与我们的住处距离比她与标志她王国的标志性金字塔的建造还要近得多。英国工人挖掘特拉法加广场以建造纳尔逊纪念柱及其著名的石狮，发现了几千年前曾在那里漫步的真正狮子的骨头！最近有人计算出，随着时间的推移，只有六个人可以将巴拉克·奥巴马与乔治·华盛顿联系起来。YouTube为我们提供了一段视频，视频中一名男子出现在 1956 年 CBS 游戏节目"我有一个秘密"中，露西尔·鲍尔也出现在该节目中，告诉观众林肯遇刺时他参与了福特剧院。他的秘密？他亲眼目睹了这一幕！英国直到最近才还清了早在 1720 年因南海泡沫、拿破仑战争、大英帝国废除奴隶制和爱尔兰马铃薯饥荒等事件而累积的债务；这些与早先几个世纪的事件的联系在今天仍然是显而易见的。

随着我们的力量或才能的增强，我们可能会认为自己很特别——生活在前所未有的时代。当这么多五十年前的照片仍然是黑白的时，这种误解就更加严重了。因此，我们认为世界是一样黑暗的。但事实并非如此——他们的天空和我们的一样（在某些地方甚至更亮！），他们和我们一样经历过疼痛，他们的脸颊会像我们一样通红；他们和我们一样。我们就像他们一样，而且永远如此。

穆罕默德·阿里曾经说过，"当你像我一样伟大时，就很难保持谦虚"，这正是为什么伟大的人必须更加努力地保持谦逊。自负和傲慢是自然倾向；伟大的人们必须更加努力地应对这些挑战。当对自己的能力充满信心时，很容易变得傲慢。

独立的感官剥夺池为实现卓越提供了理想的环境。深夜独自沿着海滩行走，一望无际的黑色海洋拍打着海岸，不禁让人谦卑和尊敬。

我们必须积极寻求宇宙同理心。威廉·布莱克在他的一首著名诗中这样写道：一粒沙里见世界，一朵野花里有天堂，手中握着无限，一小时内永恒。"这种超然的体验使我们的个人自我变得无关紧要。！

在面对自然元素、力量或周围环境时感到脆弱，提醒自己与周围的人战斗和竞争是多么毫无意义。相反，通过留意周围的一切，重新与无限联系，结束你与现实的有意识的分离——记住以前有多少，现在剩下多少。

一旦你的感觉消退，再试一次。不要等待；现在做。

第22章：保持清醒

成功的栽培取决于最简单的原则。

安格拉·默克尔(Angela Merkel)辜负了人们对领导人的大多数期望——尤其是德国领导人。她不张扬、谦虚。她不像大多数政客那样发表宏大的主张或宏大的声明。

她不太重视演示或 Flash。她避免发表激烈的言论；并且没有扩张或统治的欲望——通常她保持冷静和保守。

安吉拉·默克尔(Angela Merkel)在众多领导人中脱颖而出，因为她不受自我、权力或地位的影响。然而，正是这种清醒，使她成为一位受欢迎的三届领导人，并成为现代欧洲自由与和平的一支有影响力的力量。

据说，在她的小女孩游泳课上，默克尔站在跳水板上，考虑着跳下去，心里想着是否要跳下去。几分钟过去了；时间一分一秒地过去，直到下课铃声一响，她就跳了起来。是恐惧还是只是谨慎的行为？许多年后，当危机袭击欧洲时，她会提醒领导人"恐惧不是顾问"。作为跳水板上的孩子，她希望每一秒都可以用于决策，而不是被鲁莽或恐惧所驱使。

乍一看，我们可能会认为人们仅仅凭借纯粹的精力和热情就取得了成功。不过，有时自我意识可以在"做大"的过程中发挥不可或缺的作用。或许是你的霸道推动了你，但真的能持续几十年吗？

答案：不会。我们的自我告诉我们，我们是无敌的，相信我们拥有永不消散的无限力量。然而，伟大需要一些不同的东西——无限的能量？

默克尔是伊索龟兔寓言的化身；她缓慢而稳定，正如伊索本人对他的评价。柏林墙倒塌的那天晚上，她三十五岁。当时她有一个孩子。
喝完酒回家睡觉后，第二天她就会早起按时去上班。多年后，她努力成为一名受人尊敬但默默无闻的物理学家，然后在五十多岁进入政界。最终成为总理——这是一条漫长而稳定的道路。

然而，我们大多数人都希望快速、毫不拖延地取得成功，没有耐心排队等待升职。当我们到达顶峰时，我们经常错误地认为自我和能量是维持顶峰所必需的，但事实并非如此。

俄罗斯总统弗拉基米尔·普京(Vladimir Putin)曾试图通过让他的大型猎犬闯入会议来恐吓默克尔(据说她不喜欢狗)，但默克尔并没有动摇，后来还拿这件事开玩笑，让默克尔看起来既愚蠢又缺乏安全感。自上任并当选领导人以来，默克尔无论周围有任何压力或刺激，始终保持平衡并保持清醒的头脑。

在她的处境中，默克尔表现出勇气，果断行动，而不是愤怒反应或划清界限；这种反应往往最终会加剧紧张而不是缓解紧张。默克尔没有对另一方采取强硬行动，而是表现出坚定、清晰、耐心，并且愿意妥协，不会在任何关键原则上让步。太多人完全忽视了这个事实！

这就是清醒；那就是控制自己。

她成为西方社会最有权势的女性并非偶然；相反，她以有效的方式保住了这个头衔三个任期。

马库斯·奥勒留很清楚这一点。他几乎违背自己的意愿投身政坛，从十几岁起一直在更高的职位上为罗马人民服务，一直忙于上诉、战争、法律和恩惠。马库斯试图摆脱他所谓的"帝国化"，这是让前任皇帝蒙羞的绝对权力的污点。为了实现这一目标，他在自己的信中写道，他必须"努力成为哲学试图塑造的人"。

据说禅宗哲学家瑞感在自言自语时经常引用这种做法：

"掌握 - "
"是的先生？"
然后他会说："变得清醒"，并用"是的，先生？"来确认他的意愿。（是的，先生？）（是的，先生？）最后说：

"不要让别人误导你。

今天我们可以补充一句："是的，先生。"

威廉·詹姆斯 (William James) 引用了一句重要的话："不要被获得认可或银行账户里有钱所欺骗"：

与清醒作斗争需要付出努力。我们必须与一切争夺我们注意力的影响作斗争，保持清醒。

谢尔比·富特指出，"权力本身不会腐败；相反，它会分裂、关闭选择并让人着迷。当你最需要清晰的时候，自我恰恰会蒙蔽你的思想——使清醒成为一种有效的治疗——或者更好的是，预防——方法。

正如默克尔的名言，其他政客可能是大胆而有魅力的；而其他政治家可能是大胆而有魅力的。相反，她更喜欢理性分析。她的科学背景无疑对此有所帮助——随着时间的推移，许多政客可能会变得虚荣；默克尔更关心结果而不是形象；甚至一位德国作家在她五十岁生日时也表示敬意，称朴实无华是她的主要武器。

大卫·哈尔伯斯坦 (David Halberstam) 在为哈尔伯斯坦 (Halberstam) 撰写的一篇文章中讨论爱国者队主教练比尔·贝利切克 (Bill Belichick) 时，对爱国者队主教练比尔·贝利切克 (Bill Belichick) 做出了这样的观察，指出了他对一般嘶嘶声的蔑视及其对贝里奇克和默克尔的影响：这些领导人知道牛排能赢得比赛并推动国家前进，而嘶嘶声会制造障碍就谁应该晋升、负责什么职位、收到的反馈或在某个问题上必须采取哪些行动等问题做出明智的决定。

丘吉尔领导下的欧洲需要一种类型的领导人，而当今相互联系的世界则需要另一种类型。因为有如此多的信息和竞争需要整理，以及需要在没有有效领导者的情况下进行有效管理的变革，所以如果没有像丘吉尔这样的领导者的清晰思考和指导，一切都会失败。

无私的清醒并不涉及戒毒和戒酒，但其实践中肯定涉及克制和消除的因素——不再沉迷于自己的形象；蔑视低于或高于你的人；要求一流的服饰和星级的待遇；或沉溺于诸如愤怒、打斗、打扮、表演、专横、居高临下或惊叹于自己的行为，并用诸如"哇，那个人真是太棒了"之类的骄傲的评论。

清醒应该成为成功的平衡力，尤其是在事情继续改善的情况下。

正如詹姆斯·巴斯福德 (James Basford) 指出的那样，需要强大的宪法才能承受连续不断的繁荣浪潮——而这正是我们今天所处的境地。
有句话说，要想幸福，就必须闭门造车。虽然对于某些人来说可能是这样，但这意味着我们缺乏像安吉拉·默克尔这样在公共场合代表沉默的大多数的好榜样。

这并不是说我们经常相信电视上看到的内容，但实际上有一些成功人士像默克尔一样，过着简朴的生活，拥有简朴的公寓。他们与配偶一起享受正常的私人生活（默克尔跳过了她的第一次就职典礼）。他们的生活缺乏技巧；他们穿着普通的衣服。正是因为这个原因，大多数成功人士仍然不为你所知——这就是成功对他们的意义！

保持清醒有助于他们更有效地履行职责。

第23章：自我常常是生活中的敌人……

现在证据已经呈现，你必须做出决定。

现在你已经到达巅峰了，你发现了什么？管理起来有多么困难和复杂。也许你认为当你到达时事情会变得更简单；事实并非如此。不幸的是并非如此。

相反，事实证明它更具挑战性——完全不同的野兽。您发现，有效管理自己以继续取得成功需要时刻保持警惕。

亚里士多德非常了解自我、权力和帝国之间的斗争。也许他最著名的学生是亚历山大大帝。在亚里士多德的指导下，亚历山大征服了地球上所有已知的领土。尽管亚历山大同样勇敢和才华横溢，但他确实忽视了亚里士多德的一个重要教训。这也许可以解释他在三十二岁时死于内部势力，他们最终表示受够了——很可能是被他自己的军队成员杀害，他们最终表示受够了！

亚历山大有远大的野心。不幸的是他未能充分认识亚里士多德的"中庸之道"。亚里士多德经常将美德和卓越视为连续体中的点，就像介于怯懦和鲁莽之间的勇气一样。慷慨是亚里士多德重视的另一个特征，如果要保持有用，就必须避免挥霍或吝啬。否则我们将面临危险的极端情况；如果没有找到这个平衡点（亚里士多德称之为中庸之道），卓越几乎是不可能的；"在每种情况下，都需要付出艰苦的努力才能找到其对应的位置；例如，只有那些知识渊博的人才能找到其中点。"

我们可以用中庸之道来引导我们的自我和对成就的渴望。

野心来得容易；任何人都可以全力以赴。自满感也来得很快。只要把你的脚从它上面移开，我们就必须避免商业战略家吉姆·柯林斯所说的"无纪律的野心"。
"追求更多"和因喝彩而来的自满都会导致自满。亚里士多德说得最好：困难的是在正确的时刻、在足够长的时间内、使用适当的车辆、根据我们想要的目的地、在正确的时刻施加足够的压力。

如果不这样做可能会产生严重的影响。

拿破仑有句名言，当有远大志向的人寻求幸福时，他们就会找到名誉。这句话的意思是，每一个目标都有可能引导我们走上实现的道路；但当利己主义占上风时，我们常常会忘记这个意图，最终会出乎意料地走向其他地方。爱默生在他关于拿破仑的著名文章中强调，拿破仑去世后不久，欧洲就回到了他开始迅速崛起之前的状态。所有的死亡、努力、贪婪、荣誉都化为乌有，他的名声也像炮火一样迅速消散。爱默生写道，即使像拿破仑炮兵火力产生的烟雾一样迅速消散，他也写道；就像他突然崛起后，他的炮火威力迅速消散，没有发生明显的变化一样——他很快就消退了，就像他的炮火威力很快消失了，就像他的炮火线硝烟被扑灭一样。

霍华德·休斯今天看起来可能是一个鼓舞人心的特立独行者，但他并不总是满足。濒临死亡时，休斯的一位助手试图安慰他："你过着多么令人难以置信的生活，"他们说。休斯以典型的方式回应了这一赞美。一个人的悲伤的保证，他的时代显然已经到来了。如果有人在生活中与他交换过位置，他会说："如果这周不是我的，可能会要求换回来。"

我们不需要追随他们的脚步；相反，我们明白必须做出哪些决定，以避免不光彩甚至悲剧性的结局：保护我们的清醒，拒绝贪婪和偏执，保持谦虚，与整个社会保持联系，与更大的世界问题联系等等。

然而，繁荣并不能保证它自己；生活在很多方面与我们作对，大自然迫使一切回到自然平衡。体育运动就是这样的一个领域。在一个获胜的赛季之后，赛程变得更加困难，而不太成功的球队会获得更好的选秀权；在工资帽下，保持团队团结变得更加困难；随着社会义务的增加，税收随着您的收入而增加；媒体开始攻击那些以前报道过的人，而八卦则成为成名的代价：他喝醉了；他喝醉了；他喝醉了；她是同性恋；他虚伪地支持她的活动，而她却反对她；群众支持失败者，反对胜利者——创造了一种不平等的交换，鼓励真正的胜利者，而不是有时追随他们。

生活充满了真实的现实；谁能拒绝他们呢？
与其让权力把我们变成自欺欺人的傻瓜，把我们拥有的一切视为理所当然，不如花一些时间和精力来规划不可避免的生活转变——比如逆境、困难或失败。

逆转和倒退是生命周期中不可或缺的一部分。

但我们也可以做到这一点。

第24章：失败

如果企业当前的模式不能足够快地适应，那么企业的失败就迫在眉睫。

在这里，我们发现自己正在经历任何旅程固有的考验。也许我们失败了，或者事实证明我们的目标比预期更难实现。没有人会在第一次尝试中就永远成功；一路上都会遇到挫折。自我会让我们对这些情况措手不及，往往首先导致这些情况的发生。为了从这些挫折中重新站起来，我们需要重新定位并增强自我意识，而不是自怜或自怜。为了重新站起来，我们需要目标、冷静和耐心，而不是任何形式的自怜。

因为人们对我们的快乐比对我们的悲伤更能产生共鸣，所以人们更喜欢炫耀自己的财富而不是承认自己的贫穷，这是可以理解的。没有什么比被迫在全人类面前展示我们的痛苦更令人沮丧的了，尽管我们很清楚自己独自承受着多大的负担。

凯瑟琳·格雷厄姆前半生的大部分时间都在接触生活的各个方面。她的父亲尤金·迈耶是一位专业的金融投资者，通过股票交易积累了财富。而她的母亲海伦·迈耶 (Helene Meyer) 则是一位既美丽又聪明的社交名流。凯瑟琳在成为芝加哥这所精英学校的三个孩子之一之前目睹了这一切。结果，凯瑟琳在成年后吸收了周围发生的大部分事情。

凯瑟琳拥有一切——顶尖的学校和老师，大房子，有仆人让她感到舒适，还有女佣来满足她的需要。

1933 年，凯瑟琳·格雷厄姆 (Katharine Graham) 的父亲购买了《华盛顿邮报》(Washington Post)——当时该报举步维艰，但很重要——随后他开始扭亏为盈。凯瑟琳也对此很感兴趣，最终在她年长时继承了它，然后将管理权交给了她同样令人印象深刻的丈夫菲利普·格雷厄姆。

毫无疑问，这是一种安逸的生活。用她的话来说，她满足于成为她丈夫（和父母）风筝的尾巴。

菲尔·格雷厄姆很快就改变了，他的行为变得越来越不守规矩。他开始酗酒，做出他们无力承担的冒险商业决定，参与婚外情，在他们认识的所有人面前公开羞辱他的妻子，在他们的朋友面前公开羞辱她……听起来很熟悉吗？不幸的是没有；菲尔遭受了严重的精神崩溃，凯瑟琳试图治疗，但最终导致他在隔壁打盹时用猎枪结束了自己的生命。

凯瑟琳·格雷厄姆 (Katharine Graham) 在 46 岁时被推举为华盛顿邮报公司的领导层，尽管她之前没有任何工作经验，也没有为担任这一职位做好准备。凯瑟琳本性缺乏准备且胆怯，但事实证明，她克服了一定的困难和技巧，成功地引导了事务的进展。

尽管是悲剧性的，格雷厄姆的事件并不是一场史无前例的灾难。尽管如此，她仍然富有、白人和特权。然而，这些事件并不是格雷厄姆所期望的生活给她带来的；失败对于我们每个人来说都是相对且独特的；生活常常以我们意想不到的方式玩弄我们的计划——有时一次或不止一次！

正如金融哲学家和经济学家乔治·古德曼（George Goodman）曾经观察到的那样，金融市场常常让人感觉就像一个精致的球，每个杯子里都装满了香槟，夏天的空气中充满了轻柔的笑声。我们知道，黑骑兵随时都会冲破露台的门，造成严重破坏，驱散那些留下来的人；早走的人是安全的；但没有人愿意在还有时间的时候离开——这引发了每个人的问题"现在几点了？但是没有一个时钟有指针"。

他谈论的是经济危机，但他的话也同样适用于我们的一般生活。一切看起来都很好——实现了某个大目标，或者终于体验到了它的成果；直到命运介入。如果成功让我们陶醉，那么失败可能是毁灭性的——导致滑倒和小麻烦失控。如果我们的自我曾经成为实现梦想的障碍。

失败可能不仅仅是成功的令人不快的副产品；它也可能是成功的结果。它甚至可能是致命的。

无论用什么标签来指代它们，问题都有各种形式和规模——从破坏和不公平，到考验和悲剧，再到我们在日常生活中必须忍受的考验。它们从来都不容易，有时会让我们动摇——而其他人似乎更有弹性——但无论如何，每个人都必须承受这个考验。

这个命运是为我们写下的，就像五千年前为吉尔伽美什写下的一样：

他必须面对一场未知、未知的战斗，进行一场不知道前线在哪里的艰苦斗争。

他将沿着一条未知的路线骑行。

凯瑟琳·格雷厄姆很快就发现了这一点。事实证明，收购这份报纸只是近二十年来一连串困难和痛苦经历的开始。

托马斯·潘恩在讨论乔治·华盛顿时指出，某些人心中存在着一种固有的僵化，这种僵化无法被琐事打破，但一旦摆脱这种僵化，就会产生巨大的坚韧——格雷厄姆似乎拥有这种坚韧。

当格雷厄姆开始担任新的领导职务时，她很快发现保守派董事会是一个障碍。他们居高临下、厌恶风险；这阻碍了公司的进展。为了取得成功，格雷厄姆必须找到自己的声音，而不是像以前那样顺从周围的人。最终，她显然需要一位新的执行编辑。格雷厄姆不顾他们的建议，选择了一位不知名的年轻暴发户。事实证明，这一策略是成功的。

当格雷厄姆收到一批被盗的政府文件时，格雷厄姆知道这不会有好结果，尽管法院命令禁止传播这些文件，《华盛顿邮报》的编辑仍希望将这些文件公布。格雷厄姆咨询了她的律师，然后咨询了董事会，最终同意了他们的出版。所有人都建议她不要发布这些信息，担心这可能会危及首次公开募股或使公司在未来几年陷入诉讼。然而，尽管有人提出建议，她还是决定冒着被起诉的风险将它们发表——这是一个史无前例的决定，历史上没有太多先例。此后不久，《华盛顿邮报》利用匿名消息来源对民主党全国委员会总部发生的一起入室盗窃案进行了调查，这可能会导致克林顿总统和华盛顿有权势的精英阶层对立，并危及他们拥有的电视台所需的许可证。有一次，忠于尼克松的司法部长约翰·米切尔发出警告，称格雷厄姆做得太过分了，她的"乳头"有"被一个大脂肪绞肉机夹住"的危险。一名助手夸口说，白宫正在考虑如何进一步伤害格雷厄姆的报纸；让自己站在格雷厄姆的立场上：世界上最强大的办公室现在正在明确制定战略，以最严重地损害邮政？

格雷厄姆被派去与一位投资者进行谈判，该投资者于 1974 年开始大举收购股票，这吓跑了董事会成员，因为这可能会导致恶意收购企图，并担心这可能会危及邮报。格雷厄姆采取了措施来对付他们。第二年，她的报纸的印刷工会发起了激进的罢工。工会成员甚至穿着印有"菲尔射错了格雷厄姆"的T恤。她决定不再遵循这些策略，与罢工正面斗争；所以他们战斗并取得了胜利。一天凌晨四点，接到一通紧急电话：工会积极分子对公司机器采取了行动，袭击了一名无辜的员工，并点燃了一台印刷机。通常，在印刷罢工期间，竞争对手会介入，通过提供耗材来帮助其他报纸摆脱困境。
格雷厄姆的竞争对手拒绝了，导致《华盛顿邮报》每天损失 300,000 美元的广告收入。

随后，几位主要投资者似乎对华盛顿邮报公司的前景失去了信心，开始抛售其股票。在她之前遇到的一位激进投资者的压力下，格雷厄姆决定花费大量资金在公开市场上回购其股票——这在当时是前所未有的冒险策略。

格雷厄姆克服了所有这些困难，坚持不懈，最终带来了任何人都无法预见的积极成果。

凯瑟琳·格雷厄姆泄露的文件被称为"五角大楼文件"，并成为新闻业的决定性时刻之一。他们对水门事件的报道激怒了尼克松总统的白宫，永远改变了美国历史，并导致美国垮台。该论文还获得了普利策奖。许多人认为是她噩梦般的投资者，结果却是沃伦·巴菲特本人——不仅成为她的商业导师，而且成为她公司的巨大倡导者和保护者（他的投资最终将价值数百万美元）。她在与工会的谈判中获胜并最终结束了罢工，通过收购其主要竞争对手《星报》成为华盛顿两大报纸出版商之一。此外，她颇具争议的股票回购——违背商业智慧和市场条件——为公司带来了数十亿美元的收入。

格雷厄姆在艰难时期、判断错误、反复的危机、失败和攻击中坚持不懈，但最终取得了成功。如果你在 1971 年她的 Post 首次公开募股中投资 1 美元，那么到 1993 年，该投资将价值 89 美元——而她的行业为 14 美元，标准普尔指数为 5 美元。

Beatrice Amoako 不仅是这一代人中最成功的女性首席执行官之一、第一位经营财富 500 强公司的女性首席执行官，而且还是有史以来最伟大的首席执行官之一。

格雷厄姆早年经历了可以被视为火的洗礼。她面临着她没有准备好应对的困难——有时，甚至觉得卖掉所有的财富可能对她更好！
格雷厄姆并没有导致她丈夫自杀，但她必须在没有他的情况下继续生活。虽然没有人要求水门事件和五角大楼文件，但她有责任驾驭它们的爆炸性。当其他人在八十年代继续疯狂收购/合并时，格雷厄姆决定不效仿：相反，尽管华尔街将其视为弱者，但她还是加倍努力自己和她的公司；很多次她本可以走一条更容易的路，但她却选择了一条艰难的路。

每一个转折点都存在失败和挫折。比尔·沃尔什（Bill Walsh）观察到："几乎你的胜利之路总是会经历失败的地方。"为了再次获得成功，我们需要了解是什么导致了这些具有挑战性的时刻（或几年）的困难 - 出了什么问题以及原因 - 以及有效地处理我们的情况以克服它 - 接受正在发生的事情，同时推动通过。格雷厄姆独自经历了很多困难，并盲目地摸索着前进的道路。格雷厄姆独自一人经历了一切，直到最终她发现了自己的天赋：她所拥有的一种能力帮助她度过了挣扎——尽管格雷厄姆在大部分的挣扎中都独自一人，但当她开始看到自己的潜力并开始看到自己的潜力时，格雷厄姆从未完全体验过这一点。她的旅程始于她独自尝试自己的旅程，盲目地摸索前进的道路，并在面对未知力量时推动自己的经历：她自己在寻找自己的才能，对自己的优势或能力一无所知，格雷厄姆独自完成了这一切，并且遇到困难时独自一人；她几乎没有人可以求助，她发现自己慢慢地沿着自己的路前进，而她却发现自己孤身一人，尽管她发现自己独自一人在内心挣扎，但她尝试自己的方式走向成功，直到有一天她开始坚持下去，直到她的旅程开始大步向前，直到最终发现自己的旅程独自一人推进，直到最终取得进展……格雷厄姆自己的努力才开始，盲目地摸索着。格雷厄姆的孤独之旅感觉在继续前进。格雷厄姆的方向才发现。她独自一人在旅途中感到孤独，却又盲目地觉得自己像她；经常盲目地独自尝试自己的个人旅程，直到最后发现自己独自一人。格雷厄姆摸索着。她盲目地摸索着。格雷厄姆的旅程。她盲目地感到自己独自前进……格雷厄姆。

艾琳陷入了一个她从未想过会陷入的出乎意料的复杂境地后，开始寻找答案。她的故事表明，即使我们尽了最大努力并道德地行事，生活仍然可能远离我们，并向我们抛出意想不到的曲线球。方式。

人们常常认为失败是那些自大自负、自己寻找失败的人的专利。尼克松的垮台是罪有应得。格雷厄姆吗？然而，虽然坏人可能会让自己失败（或者其他人让他们失败），但好人常常也会经历来自内部或外部的失败。生活往往不会平等地对待每个人——这就是你的生活。

自我喜欢这种认为某事应该公平或不公平的想法，心理学家将这种现象称为"自恋伤害"。当我们把与我们个人无关的客观事件视为个人时——例如，当我们的自我意识脆弱并且依赖于生活一直按我们的方式发展时——无论你的问题是否是你的责任；现在重要的是你如何解决当前的困境；格雷厄姆并没有导致她的失败，但如果她有一个失败，它可能会阻止未来的成功再次发生。失败常常不请自来，但我们中有太多人让失败因我们的自我而停留，让它在我们身边停留的时间超过了必要的允许时间。

在这场动荡期间，格雷厄姆需要什么？她需要的是力量，而不是傲慢。她需要自信和优雅地忍受困难的意愿，以及内在的是非感、目标感和责任感——不是为了她自己，而是为了她的家族遗产，保护报纸，并做好她的工作。

你呢？当事情变得具有挑战性时，你的自我会妨碍你吗？或者没有自我你也能继续前进吗？

当面对困难时——尤其是公共困难（怀疑者、丑闻和损失），我们的朋友自我会充分显现出来。
假设得到负面反馈，我们的自我会说：我知道你做不到，那你为什么还要尝试呢？我们可能会感受到来自他人或我们自己的压力，要求我们不要取得进步，但我们的自我告诉我们，我们不应该忍受这样的事情，这表明我们可能是问题的一部分，而不是解决方案。

也就是说，您遭受的每一次伤害都会加剧其自身症状并造成更多的自残。

伊壁鸠鲁将那些倾向于自恋的人描述为生活在"没有围墙的城市"中，他们脆弱的自我意识不断受到威胁，当训练有素的触角不断用威胁它的信号轰炸你脆弱的平衡行为时，幻想或成就不再充当防御机制。

贫困的生活是不适宜居住的，也是不可持续的。

你能想象在他付出了所有的改变和努力之后他的失望吗？在从一位无能的前任教练手中接手后，在担任主教练/总经理的第一年中，球队战绩仅为 2 胜 14 负？我们大多数人都会责怪别人！

沃尔什认识到他需要证据证明其他地方的情况正在发生变化。对他来说，这意味着关注组织内部如何进行比赛、做出正确的决策以及实施变革。两个赛季后，他们赢得了首个超级碗胜利；两个赛季之后，又取得了更多的胜利；这些在底层看起来一定很遥远，所以你必须能够看过去和看透。

歌德指出，一个人可能犯的最大错误之一就是认为自己比真实的自己更重要，同时在同等水平上低估了自己。凯瑟琳·格雷厄姆 (Katharine Graham) 在 1977-88 年领导 CBGB 期间通过股票回购证明了这一概念。股票回购可能会引起争议，因为它们通常来自增长停滞或下降的公司，因此是对市场估值的令人难以置信的声明：它对我们的判断如此严重，而且显然缺乏对我们未来所在的洞察力，以至于他们必须使用公司的资金通过这场赌博来说服他们。

很多时候，不诚实或自负的首席执行官购买公司股票是为了人为地提高股价，而胆怯或软弱的首席执行官永远不会考虑对自己进行赌博。格雷厄姆做出了明智的价值判断；在巴菲特的帮助下，她可以评估回报。
凯瑟琳·格雷厄姆客观地认识到市场并未认识到她公司资产的真正价值。她知道，声誉受损、学习曲线和股价下跌都导致股价受到抑制，从而减少了她的个人财富，并为公司创造了大量机会。在很短的时间内，凯瑟琳·格雷厄姆 (Katharine Graham) 就收购了近 40% 的股份，而价格仅为这些股份后来价值的一小部分；她以大约 20 美元购买的一股股票最终在不到 10 年的时间里价值超过 300 美元！

格雷厄姆和沃尔什采用内部指标来衡量和评估他们的进展，而他们周围的其他人则专注于感知到的失败或弱点的迹象。

这是我们在困难时期的指引。

你梦想的房子、工作和机会可能会从你的指缝中溜走；有人可能会比你出价更高——无论是明天、25 年后、两分钟还是 10 年后——就像他们对其他人所做的那样。失败和逆境是生活的一部分——但这并不意味着我们可以幸免；每个人也都面临着他们。

正如普鲁塔克雄辩地指出的那样：未来摆在我们每个人的面前，充满着未知的风险；我们唯一的办法就是直面它。"

谦虚而坚强的人不会像自负者那样遭受与困难相关的痛苦;投诉少得多,自焚也少得多;相反,坚忍的韧性使他们能够更好地应对,而不需要别人不断的认可。怜悯也不需要提供;他们的身份不会对他们构成威胁,因此他们的韧性使他们在没有身份的情况下也能过得很好。

实现这一目标远远超出了单纯的成功:重要的是当生活挑战我们时能够快速适应。

我们如何坚持。

第25章 生死存亡！

不浪费时间地生活。（永远不要浪费任何东西。）

——巴黎政治口号

马尔科姆·X 曾经是一名罪犯，尽管他现在的绰号不是马尔科姆·X。相反，当时人们称他为"底特律红人"，他是一名机会罪犯，在底特律和其他地方有一些联系。

他什么都尝试过：跑号码、贩卖毒品、当皮条客，最后与自己的入室盗窃团伙一起进行武装抢劫，他用恐吓和大胆作为统治工具，用铁拳进行经营——利用了他不擅长的事实。不怕自己被杀或死去。

最后，他在试图出售偷来的一块昂贵手表时被捕，尽管他当时携带了一把枪。然而，值得赞扬的是，他没有对那些俘虏他的人采取任何行动，也没有击退他们。他的公寓里有珠宝、毛皮、枪支和所有的入室盗窃工具。

他因犯罪被判十年徒刑；那是 1946 年 2 月，马尔科姆·X 刚刚满二十一岁。即使考虑到当时任何系统性的法律不公正，马尔科姆·X 也是有罪的；他在监狱里罪有应得。

谁知道如果他继续走上犯罪道路，他还会伤害或杀死谁？

每当你的行为导致你被判处长期监禁时——无论是通过审判还是定罪——都表明出了严重的问题。不仅你自己失败了，社会也失败了，马尔科姆的例子就是如此。

他已经在监狱里度过了近 10 年。现在他就在那里，只是另一个无处可去的号码。

罗伯特·格林（他的书后来在许多联邦监狱被禁）创造了这个习语："活着或死去"的场景。这七年将如何展开？马尔科姆会如何看待这七年？
格林断言，生命由两种形式的时间组成：死亡时间——人们被动等待——和活着的时间，包括学习、行动和利用我们可用的每一秒。每一次失败，每一种我们没有主动负责选择或控制的情况，都为我们提供了"活时间"或"死时间"进入我们生活的机会。

会是哪一个呢？

马尔科姆选择了活着的时间。他开始学习、探索宗教，并从监狱图书馆借了一支铅笔和字典自学如何阅读，不仅从头到尾阅读，而且从头到尾抄下每个新单词，同时手写抄写它们。从第一页到第二页都是手写的。一个从来没有过的词突然进入了他的大脑！

他后来回忆道："从那时起，直到我离开监狱，我的每一个空闲时间都用来读书——无论是在图书馆还是在我的床上。我读历史、社会学、宗教以及康德和斯宾诺莎等哲学家的古典著作。"当记者问他的母校是什么时，他的回答很简单：书籍——监狱成了他的大学，在那里他通过阅读为他打开了新世界的书页超越了束缚——几个月过去了，他甚至没有考虑过违背自己的意愿被拘留，"以前从未有过"。在他的生活中真正感到自由"。

大多数人都知道马尔科姆·艾克斯出狱后做了什么，但很少有人知道监狱本身是如何促成这种转变的——它的接受、谦逊和力量的文化是如何发挥作用的。此外，很少有人知道这样的故事在历史上比比皆是：一些人物将看似严峻的环境，如监禁、流放、熊市/萧条/征兵/甚至集中营，通过改变自己的方式或对待这些环境的方式，将其视为伟大的燃料。态度或其他方法。

1812年战争期间，弗朗西斯·斯科特·基 (Francis Scott Key) 在一次交流中被俘虏在一艘船上时创作了美国国歌。维克多·弗兰克尔 (Viktor Frankl) 在三个纳粹集中营的磨难中完善了他的意义和苦难理论。

然而，这些机会并不总是在如此严峻的情况下出现。作者伊恩·弗莱明 (Ian Fleming) 在卧床休息期间找到了灵感，并根据医生的指示，禁止打字（他们担心这可能会促使他写另一部邦德小说），而是手工创作了《Chitty Chitty Bang Bang》。沃尔特·迪士尼在一次严重摔倒导致脚踝骨折时做出了成为一名漫画家的决定。
当然，此时此刻，你会更容易感到愤怒、委屈和沮丧。但这种方法只会产生短视的解决方案。当某人遭受不公正或反复无常的命运时，常见的反应是通过反击或尖叫"我不喜欢这样；我想要＿＿＿！"来抵抗。不幸的是，这种方法不能产生长期解决方案，只能产生短期解决方案。

考虑一下您已经推迟解决哪些问题和系统性问题，或者任何似乎难以解决的问题。当我们利用停滞时间作为做需要做的事情的机会时，它就会变得富有成效。

根据普遍的看法，这一刻并不能定义你是谁；而是决定你是谁。但你将如何使用它呢？

马尔科姆本来可以继续过他入狱的生活。停滞时间并不总是等同于冷漠或懒惰。马尔科姆本可以利用这些年让自己成为一个更好的罪犯，培养人脉或计划另一个分数，而这仍然被认为是死时间；甚至可能会觉得慢慢地自杀是值得的。

罗伯特·格林（Robert Greene）有句名言：监狱造就了一些严肃的思想家；罗伯特·格林本人就是其中之一。然而不幸的是，监狱——无论是字面上的还是象征性的形式——都造就了更多的堕落者、失败者和不良者。尽管囚犯可能除了思考之外没有什么更好的事情可做，但他们的思考往往使他们变得更糟，而不是更好。

这正是我们许多人在失败或发现自己陷入困境时所做的：我们没有反思为什么会发生这种情况，而是将精力重新投入到重复最初引导我们走上这条道路的行为模式上。

有时我们可能会陷入白日梦或密谋复仇。有时我们会避免考虑我们的选择反映了我们的真实身份；相反，我们宁愿做任何事情，但不这样做。

但假设我们认为：这对我来说是一个机会，我计划将其用于我的目的，而不是让这成为停滞时间？

现在我们又活过来了；那些被自我控制的日子早已一去不复返了。谁知道生活带你去往何方；希望不会被监禁！

尽管您可能会感到陷入困境，但任何事情都可以改变。也许是高中补习班；也许你正在等待；也许是这种尝试性的分离；可能是在存钱或等待合同或服役期间制作冰沙；这种情况可能完全是你造成的，也可能只是运气不好。

生活常常让我们陷入停滞的时间；它的存在超出了我们的控制范围；但我们如何使用它肯定是。正如布克·华盛顿（Booker T. Washington）曾经说过的一句名言："就地放下你的桶，利用手头的资源，而不是固执地让事情变得更糟。

第26章：积极的人关注的是做正确的事

一个积极的人最关心的应该是做正确的事；这是否最终会发生，他不应该担心。

——歌德·贝利萨里斯是历史上最伟大但默默无闻的军事将领之一。随着时间的推移，他的名字变得如此模糊和失传，以至于没有人知道他的存在。

马歇尔将军因以他的名字命名的计划（例如马歇尔计划）而受到更多赞誉。

贝利撒留在拜占庭皇帝查士丁尼统治时期，随着罗马的崩溃、帝国的首都从罗马迁往君士坦丁堡，三次拯救了西方文明；当基督教在那段时期摇摇欲坠时，他作为灯塔脱颖而出。

贝利撒留在达拉、迦太基、那不勒斯、西西里岛和君士坦丁堡都取得了惊人的胜利——即使面对的人群多达数万人——但他只需要少数保镖就可以对抗如此多的人，因为起义变得暴力到足以让皇帝考虑退位！收复人员不足、资源匮乏的失地；自从野蛮人在四十岁之前占领罗马以来，第一次重新夺回并保卫罗马！这一切都发生在他四十岁生日之前！

他的感谢？不是公开的胜利。相反，查士丁尼多次对他产生怀疑，通过愚蠢的条约和不诚实的协议，使贝利萨留的许多胜利和牺牲化为泡影。查士丁尼甚至利用普罗科皮乌斯来对抗贝利撒留来抹黑他——后来他放弃了指挥权，只授予了皇家马厩指挥官这个侮辱性的头衔（这后来导致贝利撒留失明并被迫在街上乞讨求生！）。到了最后，贝利萨留无疑会变得失明。还有另一个消息来源称，在结论中，先是致盲，然后才最终斩首，致盲并被迫乞讨以求生存！

几个世纪以来，历史学家、学者和艺术家一直在哀叹和争论这位伟大而杰出人物的这种待遇。理所当然，他们对许多人认为他对他的忘恩负义、不友善和不公正感到愤怒。

没有人会抱怨在他生命期间或生命结束时发生的任何事情——无论是在当时还是之后；私人信件中也没有。除了贝利撒留本人之外，没有人发声！

具有讽刺意味的是，贝利萨留可能有很多夺取权力的机会，但他从未考虑过这样做。虽然查士丁尼陷入了与绝对权力相关的所有恶习——控制、偏执、自私和贪婪——但我们在贝利撒留身上却很难发现这些特征。

他相信他只是在做他的工作——他认为这是神圣的职责——嗯，这就足够了。

生活偶尔会给我们带来麻烦:当我们尽最大努力却失败并导致失败、不尊重、嫉妒或只是被周围的每个人忽视时。

根据我们的动机,反应可能会非常令人失望。当我们的自我占据主导地位时,只有充分的赞美就足够了。

态度是危险的,因为当某人从事一个项目时——无论是一本书、生意还是其他——在某些时候,他们的创作离开了他们的双手,成为社会的一部分,受到其他人的判断、接受和行动;不再受他的直接控制,而是依赖他们生存。

贝利萨留有能力赢得战斗、领导士兵、定义个人道德——但他永远无法真正控制自己的工作是否受到赞赏或引起怀疑,如果一个强大的独裁者利用了这一点,他也无能为力并严厉地对待他。

这个现实适用于各种类型的生活。贝利撒留之所以脱颖而出,是因为他接受了这一交易:做正确的事意味着一切;忠心报效国家、上帝和职责是他唯一的目标——任何困难都可以忍受,奖励也算额外的奖金。

这很重要,因为与我们不同,他的努力常常得不到回报,甚至受到惩罚。虽然一开始这可能会令人恼火,但我们可以理解,如果这种情况发生在我们或我们认识的人身上,我们会感到愤怒。但他是否还有其他选择,或者他应该做错事呢?

作为追求个人目标的个人,我们都面临着类似的困难:

我们会为了一些可能会溜走的事情而努力吗?即使不能保证结果,我们还能付出努力吗?有了适当的动机,大多数人都愿意继续下去,但如果骄傲地行事,他们就不会这样做。

作为人类,我们对人们如何回应我们的工作和努力的控制能力有限;他人的认可、认可和奖励可能会也可能不会回报我们的善意、辛勤工作和产品创造努力。那么我们应该怎么做:友善但不付出努力,因为可能得不到回报?还不要放弃希望——无论如何都要尝试友善并努力工作,因为可能不会有互惠。快点。

将所有贡献未被社会认可的活动家、领导者和发明家视为主要衡量标准;活动人士能做的有限,领导人可能会过早被暗杀,想法还没有"超前"地出现。然而,根据这些指标,这些人的工作从未得到报酬,那么他们为什么要费心去做呢?难道他们的工作不应该转移到其他地方吗?

我们每个人都曾在某个时候想过这样做。

这将如何帮助你度过困难时期？如果您发现自己走在了时代的前面，或者市场青睐某种无人理解的疯狂趋势，该怎么办？如果你尝试解释事情，你的老板或客户会怎么想？

做好工作就足够了。换句话说，我们不应该执着于结果；达到我们自己的标准会带来自豪和自尊；努力本身就应该足够了。

自我需要认可和补偿。然而不幸的是，当这种情况发生时，往往会产生问题，因为我们期望表扬和报酬总是齐头并进，这往往会导致"期望宿醉"。

亚历山大大帝意外地会见了著名的犬儒哲学家第欧根尼。据称，亚历山大在第欧根尼躺着享受夏日微风时走近他，询问他的力量能为这个相对贫穷的人做些什么——可能是任何事情！第欧根尼可能需要其他东西，或者只是希望他的名字作为亚历山大的众多成就之一被提及。"别挡住我的阳光了。"即使两千年后，我们仍能感觉到亚历山大的心腹神经丛中的哪个部位一定受到了震撼；正如罗伯特·路易斯·史蒂文森后来对这次遭遇的评论："辛辛苦苦劳动却遭到人类的忽视，这真是令人痛苦、沮丧。"

好吧，做好准备。它会发生。也许你的父母不会欣赏你所做的；也许你的女朋友不会在意；也许投资者不会看到你的数据；也许观众不会鼓掌；但我们都必须想方设法渡过难关；我们不能让这种失败打击我们的积极性。
当贝利萨留的清白被证明并且他的荣誉得到恢复时，他就有了拯救帝国的最后机会。正好在高龄时成为它的救世主。

然而生活却并非如此：他一次又一次被诬陷谋害皇帝。朗费罗在他生命的尽头写了一首关于我们可怜的将军的著名诗，当时他一贫如洗，残疾，但仍然设法以乐观的语气结束：

我仍然希望我们能够处理好。这也能忍受；——我仍然充满希望。

我是贝利撒留吗！你的努力将不会得到赏识。会有意想不到的挫折；你的期望不会实现；最终，你会失败。

约翰·伍登建议他的球员，包括他自己，改变他们对成功的定义：将其改为"内心的平静，这来自于知道你努力成为一个尽可能伟大的人。"马库斯·奥勒留提醒自己，野心将幸福与外部事件联系起来。而理智意味着对自己的行为负责。

做好你的工作并做好。一旦完成，只需臣服并让上帝施展他的魔法；这就是所需要的一切！

认可和奖励只是奖金；发生的任何拒绝不应归咎于我们个人。

约翰·肯尼迪·图尔的里程碑式作品《笨蛋联盟》最初遭到了所有出版商的拒绝，这对他造成了极大的打击，以至于他在密西西比州比洛克西附近的一条空旷的道路上结束了自己的生命。然而，此事件发生后，他的母亲发现了该书并代表其出版，直至最终获得普利策奖。

想一想——这些提交之间没有任何变化；图尔的书无论是手稿形式还是出版和销售并获奖的形式都同样出色。如果他早点意识到这一点，或许就能省去那么多心痛。不幸的是，我们看到许多休息是多么随意，这就是生活的证明。

外部力量永远不应该决定某件事是否值得我们花时间；该决定完全取决于我们。
我们的世界并不关心人类想要什么或需要什么——如果我们继续想要和需要什么，那么我们只会让自己失望或更糟。

单独完成这项工作就足够了。

第27章:搏击俱乐部时刻

真理有一种不可抑制的力量;当埋藏起来时, 它会聚集爆炸性的力量, 有一天会出现, 造成严重破坏。

这里无法列出所有达到巅峰成功的成功人士, 但一个人生命中的每一刻都可以带来深刻的转变和改变生活的经历。

虽然是陈词滥调, 但这并不能否定它的有效性。

大学毕业七年后, J.K.罗琳发现自己面临着失败的婚姻、没有工作机会和儿童保育困难, 这些都可能导致无家可归。十几岁的查理·帕克相信他在舞台上摇晃, 直到乔·琼斯向他扔铙钹, 并羞辱地将他赶下舞台。林登·约翰逊 (Lyndon Johnson) 发现自己因一名女孩而遭到一名山区农民男孩的毒打;打破了他"步行之王"的形象。

使自己陷入谷底的途径有很多种;大多数人最终都会这样做。

《搏击俱乐部》描述了杰克的公寓在一次爆炸中被摧毁, 他所有的财产都被毁掉了, 其中包括他非常想要的"每一件家具"。后来事实证明, 这次爆炸是杰克本人策划的。他内心的多重人格呼吁"泰勒·德登"策划这件事, 以便将杰克从悲伤的昏迷中唤醒, 并激发人们采取行动对抗其影响;最终带领他走上了一条意想不到的黑暗人生道路。

希腊神话人物经常经历所谓的"katabasis", 即"堕落"。被迫撤退或抑郁, 甚至身体跌入地狱本身, 角色可能会比经历过这种经历之前拥有更多的知识和理解。

今天, 我们将这种状况称为地狱——我们中的许多人发现自己时不时地在那里度过一段时间。
作为人类, 我们往往让自己被干扰和谎言所包围, 关于什么能带来幸福, 什么对我们的生活来说是重要的。随着时间的推移, 我们变成了我们不应该成为的人, 并从事破坏性的、可怕的行为, 这些行为会硬化成硬化的自我衍生状态, 这种状态几乎成为永久性的, 直到卡塔巴西斯迫使我们正面面对它们。

杜里斯·杜拉·弗兰古尔。坚硬的东西会被坚硬的东西打破。

当你的自我增强时, 它也会下降。

如果事情不必是这样的话，那就太好了：如果我们可以在朋友或导师的温和鼓励下轻松地引导我们纠正自己的行为方式；如果只是一个安静的提醒就足以驱散幻想；或者是否可以在没有外部帮助的情况下规避自我。不幸的是，正如威廉·A·萨顿牧师 (Reverend William A. Sutton) 在大约 120 年前所观察到的那样：如果没有亲身经历羞辱，我们就无法变得谦虚。如果没有这样的经历该多好，但有时它们对于让盲人重见光明是必要的。

重大的生活变化常常发生在我们被彻底颠覆的时刻，那时我们自以为了解的关于世界的一切都变得完全错误。这些可以被称为"搏击俱乐部时刻"。有时它们是我们自己造成的，有时是别人对我们造成的——无论哪种方式，它们都会成为我们以前不愿意做出的改变的催化剂。

选择你生活中的一件事情——或者也许是你目前正在经历的一件事情）：老板在所有员工面前轻蔑的批评；与您关心的人坐下来；Google Alert 发布了一篇您希望不会被写出的文章；债权人意外打来的电话，带来了令您目瞪口呆、无言以对的消息

在这样的时刻——当一次突破暴露了你之前忽视的东西时——它迫使你面对一个叫做真理的东西，而你再也无法躲避它的目光或假装不这样做。

此类事件引发了几个问题：我如何理解这种情况？以及，我应该如何回应？

我的脚步是向前还是向上？我已经到达终点了吗？还是还会有更多的终点？

有人发现了我的问题；现在我该如何解决这些问题并理解为什么会发生这种情况？

这样的事怎么可能不再发生呢？

历史告诉我们，这些事件似乎具有三个共同特征。

1. 这些死亡一般是外力或人为造成的。

2. 他们经常透露一些我们已经了解自己但没有勇气承认的事情。

3. 破灭后可能会带来巨大进步和进步的机会，但并不是每个人都能充分利用这种潜力。自我常常首先导致我们崩溃，然后再阻碍任何后续的自我改善尝试。

2008年的金融危机不是让很多人大开眼界吗？问责问题、过度杠杆化的生活方式、贪婪的行为和不诚实的行为都变得令人痛苦地清晰可见；有些人反应良好，而另一些人又回到了起点，甚至更糟；未来的危机只会让他们的情况变得更糟。

海明威本人在年轻时也经历过深刻的低谷。这些事件带来了永恒的智慧，后来出现在《永别了，武器》中："这个世界打垮了每个人，但许多人在破碎的地方变得更加坚强；但拒绝打破可能会导致死亡。

世界可以给你提供证据，但没有人可以强迫你接受。大多数十二步小组都专注于抑制自我。

清除权利、包袱和碎片，这样你就能看到真正的自己。

当面对困难的信息时，否认可能很诱人；你的自我经常拒绝相信那些与你不相符的事情，并拒绝接受你不喜欢的事情可能是真的的可能性。

心理学家经常注意到受威胁的自我主义所带来的危险：从"荣誉"受到质疑的帮派成员到被拒绝的自恋者和让欺负者感到羞耻的人；冒名顶替者被暴露；剽窃者或修饰者的故事不再适合在一起——任何一种情况都可能造成灾难性的破坏。

当他们感到走投无路时，你不应该与这些人接近，也不是你想要让自己陷入的境地。相反，问题是"这些人怎么能这样对待我？他们以为他们是谁？"于是就有了"让他们付出代价"的愿望。

有时，当我们无法忍受别人对我们所说或所做的事情时，我们的反应就会变得极端且具有危险的破坏性：升级。这是纯粹而有毒的自我在起作用。

考虑一下兰斯·阿姆斯特朗。和很多人一样，他也有欺骗行为。然而，当这种行为被公开并迫使他成为现实时，事情很快就急转直下。尽管证据确凿，他不但没有承认自己的错误行为，反而坚持否认这些行为，并对他所接触的其他生命造成了无法挽回的伤害——这只是我们集体害怕失去自己或他人的尊重的一个小例子，这可能会促使我们考虑采取任何措施来避免失去尊重——甚至考虑到这种行为也会引起焦虑，驱使我们做出可怕的行为——

约翰福音 3 章 20 节指出，"作恶的人常常回避光明，以免他们的行为被人知道"，这在各个方面都是正确的——从大型组织到个人的不法行为。
"没有人确切知道清算何时会发生或会持续多久。"避免面对现实及其严酷的事实，就是逃避它的光明。当一些不好的或具有破坏性的事情出现在聚光灯下时，人们可能会感到不舒服，但转身走开只会进一步推迟清算——没有人知道什么时候。

改变始于倾听周围人的意见；即使这些评论很严厉或令人不安。听到批评意味着在丢弃任何不重要的批评并反思任何重要的批评之前仔细权衡一切。

《搏击俱乐部》完美地描绘了这一场景：一个角色必须放火烧毁自己的公寓才能挣脱束缚，以回应我们的期望、夸张和缺乏克制，这使得这样的时刻对他和他自己来说是不可避免的——也是痛苦的。现在它已经到来了，你应该如何看待它呢？要么改变是可能的，要么干脆否认。

文斯·隆巴迪（Vince Lombardi）也曾这样评价球队："任何一支球队要想再次崛起，都必须先到达最低点。"跌入谷底可能会令人痛苦且精神疲惫；然而，随之而来的是有史以来最有价值的观点之一——奥巴马总统在其动荡的总统任期即将结束时描述了这一点。

"经历了从尼亚加拉大瀑布滚下的木桶中的生活并活着出来真是一种解放的感觉！

如果我们可以帮助的话，如果我们根本没有经历过幻觉，那就太理想了；这将确保我们永远不需要跪下或跨过悬崖边缘——这本书花了相当长的时间讨论这一点；否则我们就有可能会落到这里。

最后，要充分欣赏自己的进步，就需要站在自己挖的洞的边缘，向下看去，看到墙上留下的血迹斑斑的爪印，深情地微笑。

第28章：划清界限

外遇只会毁掉你的生活，如果它毁了你的品格。

约翰·德洛林 (John DeLorean) 因过度成就、疏忽、自恋、贪婪和管理不善等原因导致他的汽车公司走下坡路。但随着有关他们不当行为的坏消息开始传出，所有有关各方都清楚了整个情况——我们现在有什么选择呢？

回想一下他的反应——他的反应是放弃接受、承认他心怀不满的员工现在发泄的错误以及反思的机会吗？所有这些都是有效管理的关键组成部分——错误会给投资者和员工带来问题。

不完全是。相反，他采取了行动，最终促成了一笔 6000 万美元的毒品交易，并随后被捕。当他的公司因他无能的管理风格而开始步履蹒跚时，他意识到拯救这一切的唯一方法就是通过非法运输 220 磅可卡因进行融资。

当然，在他公开而尴尬的被捕之后，德罗宁最终通过"诱捕"而被洗清了所有指控，尽管视频显示他拿着一袋可卡因，高兴地大喊"这东西和金子一样好！"

约翰·德洛林 (John DeLorean) 的去世可能与一个人直接相关。

无可否认是谁造成了如此大的破坏；这个答案只有他一个人知道。

当他发现自己陷入了一个无法穿透的洞时，他就继续挖掘，直到到达地狱。

如果他停下来，随时问自己"我是我想成为的人吗？"人们总是会犯错误，创办他们认为自己可以管理的企业，或者拥有宏伟的愿景，但结果对他们来说过于庞大和宏伟，无法实现。人们经常犯这些错误，所以这种情况也发生在这里。

这一切都是完全正常的；承担风险和犯错误是企业家、创意人士或企业高管的标志。我们的行业之所以蓬勃发展，是因为人们抓住机会并从错误中吸取教训。

问题在于，当我们过于重视工作作为我们身份的来源时，任何形式的失败都可能无法很好地反映我们作为个人的身份。失败可能会被视为对我们不利的事情，因此承担责任或承认错误成为我们回避的事情；因此，沉没成本谬误就出现了，好钱和好生活付之东流，只会让一切变得比以前更糟。

如果您的墙壁感觉好像正在闭合怎么办？这样做可能会导致背叛和盗窃等感觉浮现出来；理性、积极的情绪也不能导致理性、积极的行动。

自我经常问自己为什么会发生这种事；以及他们如何通过展示自己和每个人认为的一样伟大来防止进一步的问题。动物本能告诉他们，任何弱点的迹象都可能对生存造成致命的影响。

你明白我的意思了吗？为了某些事情而拼命奋斗只会让事情变得更糟。

不，这不会带来伟大的成就。

史蒂夫·乔布斯对自己被苹果公司解雇负有全部责任。考虑到他后来的成功，这可能看起来是糟糕的领导能力，但当时他的自我确实失控了；如果约翰·斯卡利(John Sculley)担任首席执行官，他也会解雇那个版本的史蒂夫·乔布斯(Steve Jobs)——而且这样做是正确的。

被苹果公司解雇后，史蒂夫·乔布斯的反应是可以理解的：他哭泣并抗争。输了之后，他卖掉了所有股份，只剩下一股，并承诺自己再也不会想起这家公司了。但不久之后又开始了另一项事业，并为此奉献了自己的一生和精力。他尽可能地从导致最初失败的错误中吸取教训，不久后又创办了另一家名为皮克斯的公司。史蒂夫·乔布斯 (Steve Jobs) 因是一位自大的首席执行官而闻名，他只是为了好玩而把车停在残疾人停车位上。然而，在他自己灭亡的关键时刻，他表现出了令人惊讶的谦逊，他不仅再次证明了自己，而且还显着解决了导致他垮台的缺陷。

在遭受巨大失败或困难的时候，成功而有权势的人很少能够如此迅速地从失败中恢复过来。

American Apparel 的创始人 Dov Charney 就是一个突出的例子。在遭受了约 3 亿美元的损失和各种丑闻之后，他的公司为他提供了两种选择来解决财务困境：辞去首席执行官职务，但继续以高薪担任创意顾问，或者被解雇——这两种选择都被拒绝，转而选择更糟糕的事情。
查尼提起诉讼抗议后，赌上了自己在公司的全部所有权，与一家对冲基金发起恶意收购，并要求对他的行为进行彻底审查和判断——但事实并非如此。相反，有关他的个人生活的令人尴尬的细节浮出水面，并且有关令人尴尬的细节的令人尴尬的细节被公布，例如选择作为他的法律代表的律师曾多次因性骚扰和财务违规行为起诉查尼；查尼过去曾指责他勒索或提出无意义的主张；现在两人正在一起工作！

American Apparel 斥资超过 1000 万美元进行反击。法官发布了限制令，销售额大幅下滑，他们开始解雇工厂工人和长期雇员——他声称正是这些人为之

奋斗——只是为了让他们能够继续经营。一年之内，他们宣布破产，并且没有钱继续经营。 *

阿尔西比德是伯罗奔尼撒战争中臭名昭著的政治家和将军。首先是为自己的祖国雅典而战，雅典一直是他最爱的国家。当他因醉酒时犯下明显的醉酒罪行而被驱逐时，然后叛逃到雅典的死敌斯巴达，他再次叛逃，这次是到了波斯，而波斯本身就是两者的敌人。终于回想起雅典，他入侵西西里岛的野心带领他们走上了这条灭亡之路！

自我可以摧毁我们生命中最爱的东西，并有可能让我们失望。

亚历山大·汉密尔顿（Alexander Hamilton）也许是开国元勋之一，他的结局特别悲惨且可以避免，但他仍然就这个话题提出了明智的言论。如果他在进行不必要的决斗之前记得他们就好了！汉密尔顿在给一位因自己造成的严重财务和法律困难而心烦意乱的朋友的信中写道：“以坚韧和荣誉行事”：如果没有合理的希望可以摆脱困境，那么就不要再陷下去了——要有勇气，呼吁时间进一步追寻你的目标。努力又停止。

停止！这些人不应该一下子放弃；相反，他们无法识别何时该退休，弊大于利。你需要着眼于大局。

当一个人的自我控制时，谁能竞争？

想象一下你失败了，这是你的责任。糟糕的事情时有发生，有时是公开的。没有人愿意看到自己的辛勤工作就这样化为泡影；所以问题依然存在：你会让事情变得更糟，还是带着尊严和品格完整地度过这次经历，为明天的另一场战斗做好准备？
当一支球队看起来有可能输掉一场比赛时，他们的教练不会大喊大叫或斥责他们；而是会责备他们。相反，他或她提醒他们他们是谁以及他们的能力是什么，鼓励他们返回并展示这一点。优秀的团队不会过多担心获胜或创造奇迹，而是专注于以最高标准表现；无论常规参与率如何，所有团队成员都会分享比赛时间 - 有时甚至会后来居上并获胜！

大多数问题都是暂时的，除非我们让它们成为暂时的。恢复通常是逐步进行的，除非您的解决方案涉及更多疾病。

自负会让我们认为尴尬或失败比实际情况更糟糕，但历史上有很多人忍受羞辱，但尽管如此，仍过着成功的生活和事业的例子。因不检点而遭受选举或失职的政治家往往在一段时间后重新成功再次领导。电影惨败的演员、与写作障碍作斗争的作家、失态的名人、犯过错误的父母、公司步履蹒跚的企业家、被解雇的高管、被裁掉的运动员、生活在市场顶端的人们……这些人都像我们一样感受到了失败的刺痛。当事情不顺心的时候，面对失败我们有两种选择：要么让事情变成双输的局面，要么改变我们的做法，让损失变成胜利？

生命总有一天会结束；这是肯定的。医生必须在某个时候确定死亡时间。这只是他们职业的一部分。
自我让我们相信我们是无敌的；这种错觉会产生问题。当面对失败和逆境时，他们常常采取违反规则的反应——把全部赌注押在一些有风险的计划上；或诉诸后门交易或最后的努力，尽管这正是让他们陷入如此痛苦的首要原因。

在人生的任何阶段，我们都可能有抱负、成功或失败——通常是同时发生的——但我们凭智慧认识到这些状态都是暂时的，并不能定义你是谁。当成功因某种原因与你失之交臂时，关键不是紧紧地掐住它的喉咙，将它压垮；而是要抓住它。相反，它必须通过回归首要原则和最佳实践来回到理想阶段。

塞内卡说："那些害怕死亡的人永远不会做任何值得活着的人做的事情"，然而那些试图避免失败的人几乎肯定会做一些有价值的事情。
失败只能源于背叛自己的原则。仅仅因为你所珍视的东西受到伤害而牺牲它是自私和愚蠢的；如果你的声誉经不起一些挫折，那么也许它一开始就不值得拥有。

第29章：维护你的记分卡

我宁愿不回顾过去，除非找出过去的错误；回首过去，只会为过去的成就带来遗憾，而你应该自豪地记住这些成就。

——伊丽莎白·诺埃尔·诺依曼

2000年4月16日，新英格兰爱国者队经过广泛的考察，从密歇根大学额外选中了一名四分卫。他们进行了彻底的背景调查并仔细计划。

他们已经关注他有一段时间了，当他们看到他仍然有空时，他们决定采取行动。

这是今年选秀大会第 6 轮第 199 顺位选秀权。

汤姆·布雷迪是他的名字。

布雷迪在新秀赛季以第四阵容首发，但到了第二个赛季就成为了首发，并帮助新英格兰队赢得了当年的超级碗，并因此荣获 MVP。

无论以何种投资回报衡量标准，汤姆·布雷迪被选为四分卫很可能是有史以来最伟大的选秀选择之一：六次出场，四枚超级碗戒指；14个首发赛季，172场胜利，428次达阵得分（3次超级碗MVP奖）；58,000 码；10 次参加职业碗比赛，获得比他之前任何四分卫更多的分区冠军 - 甚至比他之前的任何四分卫都拥有更多的分区冠军！它可以继续支付股息；布雷迪可能还有很多个赛季等着他。

因此，爱国者队的管理层会对结果感到高兴是有道理的。然而他们也对自己深感沮丧，因为布雷迪出乎意料的能力意味着他们的球探报告被误判，误判了他所有的无形属性；然而他们让这颗宝石过去了，直到第六轮，其他人可能会更早地接住他；此外，直到德鲁·布莱索因伤缺席并迫使他们认识到他真正的潜力之前，他们甚至没有意识到自己是对的；这时他们才知道布雷迪到底有多伟大！

虽然他们的赌注得到了回报，但爱国者队仍将重点放在任何可能阻止其发生的情报差距或失败上。并不是说他们只是追求完美；而是说他们只是追求完美。相反，他们对自己要求更高的绩效标准。

爱国者队人事总监斯科特·皮奥利(Scott Pioli)多年来一直在办公桌上放着一张描绘戴夫·斯塔切尔斯基(Dave Stachelski)的照片——他们在第五轮选秀，但从未参加过训练营——作为提醒：你并不像戴夫·斯塔切尔斯基（Dave Stachelski）那样伟大。你思考了，但并没有把所有的事情都弄清楚；保持专注。做得更好。

约翰·伍登教练也明确表示：记分牌并不是他的球队或他个人成功的晴雨表——胜利的定义不同。博·杰克逊在击出本垒打或达阵时并没有变得过于兴奋，因为他知道"他做得并不完美"。（事实上，在他第一次在大联盟击球后，他并没有要求球，因为对他来说这"只是一个中路的滚滚球"。）

伟大的人倾向于从这个角度看待生活：不是把每一次成功都视为失败，而是以远远超出社会可能认为的客观成功的标准。正因为如此，伟大的人不太关心别人的想法；他们不会太在意别人的看法。对他们来说最重要的是达到自己的标准，这些标准往往远远高于其他人的标准。

爱国者队认为汤姆·布雷迪的选择更多的是幸运而不是聪明，并且不愿意为此相信自己的运气。虽然 NFL 中没有一支球队没有足够的自我意识，但他们并没有为所发生的事情庆祝或祝贺自己，而是低下头，专注于他们可以改进的方法。谦逊在组织、个人和职业上都可以成为一股强大的力量。

这个过程绝不是令人愉快的——有时感觉就像是自我折磨——但它确实迫使你坚持下去，并且总是更加努力，以取得进步并实现目标。

自我无法理解问题的两面，因此无法做出改进，只看到积极的验证，却看不到改进的来源。"虚荣的人除了赞美之外很少听到任何东西。"它所看到的都是成功；无论多么短暂，这都是许多暂时的线索背后的原因，但在自大狂中却很少看到持久的线索。

沃伦·巴菲特在讨论内部记分牌与外部记分牌时明确指出了这一点：根据自己的潜力（他们能够创造出的绝对最佳结果）来衡量自己，这是你成功的标准。仅仅获胜是不够的；任何人都可以获胜，但并不是每个人都能发挥自己的最大潜力。

残酷的？也许。然而，诚实也意味着在面对失败时保持自豪和坚强。如果没有以自我为中心的观点来指导，其他人的意见或外部标记在决定你的成功或失败方面就不会那么重要。

这可能更具挑战性，但最终会成为增强韧性的强大公式。

亚当·斯密对于明智和善良的人如何评价他们的行为有一个想法：

在两个不同的场合，我们试图公正地评估我们的行为：首先是在考虑采取行动时；其次是在考虑采取行动时。第二次是表演后。不幸的是，当我们像希望客观的观察者那样看待自己时，我们的观点往往会非常有偏见。但最值得注意的是，当考虑激情所推动的行动时；然而，一旦行动结束并且热情消退，我们就可以像公正的观察者一样更客观地探讨他们的情绪。

"冷漠的旁观者"可以作为我们评估自己行为的指南，而不是寻求社会的认可。但这个"冷漠的旁观者"并不仅仅只是根据验证来判断你。

想象一下所有的人——政治家、有权势的首席执行官和其他类似的人——都为自己的行为辩解"技术上不违法"。你甚至可能自己做过；你的自我喜欢利用像这样的道德灰色地带。通过设定一个内在的或无关紧要的标准（这并不重要），过度或不当行为就变得不太可能。毕竟，这不应该是关于什么可以逃脱的问题；而是关于什么可以逃脱的问题。相反，它应该是关于应该或不应该发生什么。

起初，这条路可能看起来很困难，但最终会让我们不那么自私和自私。当人们根据自己的标准来衡量自己而不是用掌声作为衡量成功的标准时，他们对聚光灯的渴望就会大大减少；那些能够长远思考的人不太容易在暂时的挫折中为自己感到难过；而欣赏团队合作的人往往比大多数人更自由地分享荣誉，更愿意抛开个人利益。

反思哪些事情进展顺利或我们有多么出色并不能帮助我们取得任何进展；它所做的只是把我们留在现在的位置，这可能是也可能不是我们想要的地方。我们想要的是更多、成长和进步——没有什么能让我们满足。

自我可能会成为障碍，因此我们通过设定更高的标准来包容和征服它。并不是说我们出于贪婪而追求更多；而是因为我们追求更多。相反，我们正在努力通过纪律而不是性格来实现真正的进步。

第30章：永远爱

我们没有理由对这个世界感到愤怒！

好像全世界都会注意到一样！

--EURIPIDES 1939 年，奥森·威尔斯获得了好莱坞最具突破性的合同之一：表演、编剧和导演的机会。他可以在短短两年内完成这三件事！

他选择雷电华工作室为他们制作自己选择的电影，他们的第一部影片名为《神秘的报纸男爵》，讲述了一位有影响力的报纸老板被困在他庞大的帝国和生活方式中的故事。

威廉·兰道夫·赫斯特（William Randolph Hearst）是一位颇具影响力的媒体大亨，他认为这部电影取材于他的生活，具有攻击性，并发起了一场全力以赴的运动来将其撤下——最初取得了成功。

这件事的迷人之处是双重的。第一，赫斯特可能从未看过这部电影；因此他可能不知道其内容；第二，它不一定是关于他的——至少是专门关于他的。查尔斯·福斯特·凯恩 (Charles Foster Kane) 的角色是以塞缪尔·因萨尔 (Samuel Insull) 和罗伯特·麦考密克 (Robert McCormick) 等历史人物为灵感来源创作的；同样，查理·卓别林和奥尔德斯·赫胥黎的两幅相似的肖像也启发了这部电影；它并不是为了妖魔化而不是为了人性化它们）。第三，赫斯特是当时最富有的人之一，并且已接近生命的终点。他为什么要把这么多的精力和注意力投入到像未经考验的导演的虚构电影项目这样琐碎的事情上？第四，他的反对运动巩固了它的遗产，并揭示了他控制和操纵野心的深度。因此，他的努力比任何批评家都更牢固地融入了历史。

因此，存在仇恨和痛苦的悖论：它几乎与我们的预期目标完全相反，用互联网术语称为史翠珊效应。
芭芭拉·史翠珊 (Barbra Streisand) 因试图从互联网上合法删除自己家的照片而成为头条新闻；她的努力适得其反，因为看到它的人比她不去管它的人还要多。）出于怨恨或骄傲而从事破坏性行为往往会导致这些行为随着时间的推移而被保存并进一步传播。

赫斯特竭尽全力保护他的秘密。他派了一位最有影响力的八卦专栏作家卢埃拉·帕森斯 (Louella Parsons) 到工作室参观。根据她的反馈，他决定他有能力阻止这件事成为公众所知。他发布了一项指令，要求赫斯特的所有报纸都不得提及雷电华(《公民凯恩》的幕后公司)时期的任何电影，包括威尔斯(这一禁令在 10 多年后仍然有效。）赫斯特的报纸开始发表有关以下内容的负面报道：威尔斯和他的私生活。此外，赫斯特还通过撰写八卦专栏来威胁雷电华的每位董事会成员，并威胁要让其他工作室的负责人反对这张照片。他们出价 80 万美元购买电影版权，以便将其烧毁或销毁，迫使大多数连锁影院拒绝放映该电影，并禁止在赫斯特旗下的物业上播放该电影的广告。赫斯特的支持者开始向各个当局报告针对威尔斯的指控。J·埃德加·胡佛 (J. Edgar Hoover) 的联邦调查局 (FBI) 最终于 1941 年对他立案。

赫斯特花费了大量的金钱和精力来维持对他的电影的控制，但该电影最终在商业上并不成功，并且花了几年时间才在文化中找到了一席之地。赫斯特通过巨大的努力才阻止了它的广泛传播。

每个人都有令自己烦恼的事情，我们越成功或越强大，我们就越会认为自己在遗产、形象和影响力方面需要保护。不幸的是，如果没有适当的监督，这可能会浪费我们大量的时间来阻止别人羞辱或不尊重我们。

想一想几个世纪以来愤怒的男人或愤愤不平的女人造成的所有不必要的死亡和浪费，其原因往往难以回忆。它应该让人感到震惊。

当有人以某种方式攻击或伤害你时，爱总是答案。爱向外延伸，向我们表现出同情心——对那些不会拒绝音乐的邻居；让我们失望的父母；丢失你文件的官僚；拒绝我们的团体或攻击我们的批评者 - 每个人都值得我们所有人的爱！
窃取您商业创意的前合作伙伴。婊子或骗子。爱。

仇恨总会回来抓你。仇恨会吞噬你。"

虽然对于对你的不公正行为的回应可能要求爱太多，但至少你可以尝试放手并对所发生的事情一笑置之。

否则，世界将见证另一个古老而悲惨的例子：富有、有权势的人在发生违背他们意愿的事情时变得如此孤立和妄想，以至于当事情确实违背他的意愿时，他就会被它和他们的动力所吞噬。使他们如此伟大的因素却成为他们最大的弱点。轻微的不便会变成巨大的伤痛；溃烂直至感染——最终导致他的死亡。

尼克松的自我形象是一位与敌对世界作斗争的好斗战士，这才是他的失败。就像他周围都是其他"硬汉"一样。人们往往忘记了尼克松在水门事件后以压倒性优势再次当选。不幸的是，他的行为继续为这个故事火上浇油——他打架、迫害记者，并猛烈抨击任何他认为怀疑他的人——为报道进一步火上浇油，并最终让他沉没。就像他之前的许多人一样，他的仇恨和愤怒最终证明对他自己的伤害比其他任何人都更大。作为世界上最有权势的领导人之一并不足以改变他。

种族主义不再需要这样了。布克·T·华盛顿讲述了弗雷德里克·道格拉斯的一则轶事，称他在乘坐飞机时因种族原因被要求挪到行李车里，这促使他的一名白人支持者冲上来道歉，并对这种侮辱做出解释——"道格拉斯先生，我为这种有辱人格的待遇道歉！"那人说道。

道格拉斯对这种侮辱他的企图并没有任何善意，并以极大的热情回答道："没有人可以贬低弗雷德里克·道格拉斯；我的灵魂不会因这种待遇而受到损害；相反，那些造成这种待遇的人正在被我贬低。

保持这样的态度可能非常具有挑战性。仇恨很容易；猛烈抨击是本能的。

然而，像道格拉斯这样的伟大领导人之所以脱颖而出，是因为他们不仅谴责他们的反对者，而且还谴责他们的反对者。相反，他们对他们表现出同情心。芭芭拉·乔丹 (Barbara Jordan) 在 1992 年民主党全国代表大会上提出了"爱。爱。爱"的议程。小马丁·路德·金在面对他一生中遇到的一些群体的仇恨时也这样做了。

在他最著名的布道中，金博士宣扬仇恨是一种负担，爱是一种解放，而仇恨则使人衰弱。他的一次著名布道甚至更进一步：我们应该首先向内看，学会爱我们的敌人。仇恨在任何时候都可能侵蚀生活中重要的事物，因为它会侵蚀生活的中心——无论是身体、心理还是社会。仇恨就像酸一样，会侵蚀我们最好的部分，直到只剩下有毒废物。"

现在花点时间评估一下自己：你不喜欢什么，你觉得谁令人厌恶并且他们的名字在你的脑海中响起，以及这些强烈的情绪是否有任何有用的目的。

进行更广泛的评估。仇恨和愤怒曾经把人带向何方？

大多数情况下，那些令我们恼怒的特质或行为——不诚实、自私和懒惰——最终不会给他们带来好结果；他们的自负和短视最终将让他们付出高昂的代价。

在某些时候，我们必须问自己，我们是否会仅仅因为别人痛苦而变得不快乐。

奥逊·威尔斯以令人惊讶的优雅回应了赫斯特数十年的竞选活动。根据他自己的说法，他在首映之夜在电梯里遇到了赫斯特——赫斯特动用了大量资源试图破坏这一活动。威尔斯邀请赫斯特过来，并开玩笑说杳尔斯·福斯特·凯恩肯定会接受。赫斯特拒绝了；当面对威尔斯的回应时，他也拒绝了！

威尔斯在《公民凯恩》中的才华花了一段时间才被世界各地的观众认可。然而威尔斯仍然坚持其他电影和项目，同时过着充实而幸福的生活。首映近七十年后，该片最终在圣西蒙州立公园的赫斯特城堡放映，确保了其在电影史上最前沿的地位。

威尔斯的事件并不公平，但至少他没有让它们毁了他的生活。威尔斯的交往多年的女友在悼词中告诉观众，尽管赫斯特或好莱坞其他地方对威尔斯的每一次轻蔑都是有害的，但"这从来没有让他感到痛苦；"换句话说，威尔斯从未成为另一个赫斯特。

不是每个人都能做出这样的反应；在我们生命的不同阶段，我们似乎都拥有不同的宽恕和理解能力；即使有些人可以继续生活而不会带着不必要的怨恨。还记得柯克·哈米特 (Kirk Hammett) 成为 Metallica 的吉他手吗？为了给他腾出空间，他们不得不解雇 Dave Mustaine, 后者后来组建了 Megadeth, 因为他们的前乐队伙伴也离开了他们。即使在他最显着的成功中，他也对自己在多年前所受到的待遇感到愤怒。这使他上瘾，并可能对他的健康造成致命的影响。18 年过去了，他才开始理解发生了什么，他说，他被伤害和被拒绝的感觉就像昨天一样。听他讲述他的故事可能会让你认为他最终生活在桥下，而实际上这位摇滚明星在他漫长的职业生涯中卖出了数百万张唱片并创作了出色的音乐。

我们都经历过那样的刺痛——这种感觉在他的歌词中被称为"黑牙咧嘴笑"。痴迷于某人所做的事情或事情应该如何发展，无论它有多么痛苦，都是一个人自我的表现；其他人可能已经继续前进，但你仍然不能，因为你的世界只围着你转，无法接受有人可能会伤害你(有意或无意)，导致你走上仇恨和报复的丑陋道路。

失败或逆境很容易让人产生仇恨。仇恨将责任推卸给他人；当我们的思想全神贯注于寻求报复和调查所谓的针对我们的错误时，我们就不会取得任何其他成就。

这会让我们更接近我们想要的目标吗？不。相反，它让我们陷入困境——或者更糟糕的是，完全停止任何发展。对于那些已经成功的人(如赫斯特)来说，这种行为可能会玷污我们的遗产，并削弱我们本应拥有的黄金岁月。

爱情就在眼前；无私、开放、积极、脆弱、和平和富有成效的一切融为一体。

第31章：自我是我们的敌人

迎接未来的每一个新挑战

没有人喜欢工作；但我欣赏工作的是它自我发现的能力。

威廉·曼彻斯特（William Manchester）为温斯顿·丘吉尔（Winston Churchill）撰写的史诗传记中有一个名为《孤独》（Alone）的中卷，探讨了丘吉尔与他的短视同侪以及来自西方国家内部日益增长的法西斯威胁的八年斗争。

但最终他再次取得了胜利，克服了一切逆境，再次获得了平反。

凯瑟琳·格雷厄姆（Katharine Graham）独自掌控家族的报纸帝国，经历了一段艰辛的历程，而唐纳德·格雷厄姆（Donald Graham）在 2000 年代中期急剧衰落期间寻求维持该帝国时，一定也有类似的感受。但两人都取得了成功。你也可以这样做！

这是无法回避的：我们将面临困难并经历失败。本杰明·富兰克林观察到，那些喝得酩酊大醉的人在一生中的某个时刻肯定会遇到一些令人不快的酒渣。

但或许那些渣滓并没有那么可怕？哈罗德·吉宁指出："人们从失败中学到的东西比从成功中学到的东西最多；这就是为什么古老的凯尔特谚语告诉我们"多看、多学习、多受苦——这是通往智慧的道路！"

你现在的情况可以、应该、也可以证明是这样的一条路。

智慧还是无知？自我往往是决定因素。

抱负会带来成功（和逆境）。成功会创造自己的挫折（希望能激发新的雄心），不可避免地会导致更多的渴望和更多的成功——创造一个无限的循环。

我们所有人都存在于一个连续体中，在一生中沿着其轨迹采取不同的立场。然而，当失败袭来时，痛苦是无法弥补的。
无论我们接下来发生什么，有一件事是不变的——自我。自我可以使任何一步变得困难，但失败将永远留下，除非我们从过去的错误中吸取教训，并利用这一刻作为更好地理解我们自己和我们自己的机会，自我将竭尽全力寻找它。

所有伟大的男人和女人在走向伟大的道路上都面临着障碍；一路上都犯了错误。这些经历带来了一些好处；即使只是意识到他们并非无敌，事情也不会总是如愿。自我意识成为关键——没有它，他们作为个人就不会进步，也无法克服以后的任何挑战。

因此，我们以他们的口头禅为指导，这样我们就可以在人生的每个阶段都取得成功。虽然简单（虽然从来不简单！）。

永远不要为了个人利益而追求任何事情。

没有利己主义的成功：目标。

如何以勇气而不是骄傲来面对失败。

第32章：尾声

我们的生活正在进行一场内部内战。每个人灵魂中存在的两个不同部分之间存在着某种拉锯战——南方与北方；南方与北方；南方与北方。一场持续不断的斗争，影响着生活本身的方方面面。

- 马丁路德金。

恭喜你读完了我的书！我担心有些人可能不会，包括我自己；出于所有意图和目的，我不确定自己是否能够通过。但我们在这里；有些人已经成功了！我什至不确定我可以。

您目前感觉如何？你是否不知所措、精疲力尽还是解放了？

直面自我并不是一件容易的事情；首先接受一个人的存在；然后对其进行严格的检查和批评。我们大多数人都无法忍受不舒服的自我审视，并在别处寻找安慰——人类一些最令人难以置信的成就往往隐藏在那些想要避免面对自我内心黑暗的人身上。

通过到达这个阶段，您已经在对抗它方面取得了重大进展。当然，还有更多工作要做，但至少你已经有了一个令人印象深刻的开始。

我的朋友丹尼尔·博莱利（Daniele Bolelli）是一位颇具影响力的哲学家和武术家，他曾经给我提供了一个很有启发性的比喻：训练就像扫地；训练就像扫地；训练就像扫地。一旦完成，它不会永远保持灰尘，必须每天进行以保持清洁。

类似的问题也会影响我们的自负；随着时间的推移，您会惊讶地发现灰尘和污垢会造成什么样的损害；它的积累很快就会变得几乎无法控制。

多夫·查尼 (Dov Charney) 被 American Apparel 解雇后心烦意乱，凌晨 3 点给我打电话。他感到自己完全有责任，并否认自己对自己的处境负有任何责任。当我问他的计划是什么——是否会追随史蒂夫·乔布斯的脚步，创办另一家公司时——他变得安静，非常真诚地告诉我："我 J，这一切都会成功的。"史蒂夫·乔布斯去世了。我记得，在我们一起交谈的最后几个小时里，这种失败对他来说一定感觉就像死了一样。在接下来的几个月里，我惊恐地看着他的行为毁掉了他在苹果公司努力打造的一切。

我永远不会忘记这段悲伤的记忆，它将永远成为我的一部分。

然而，靠着神的恩典我可以做任何事。这可能包括我们中的任何一个人。

成功和失败对每个人来说都有不同的方式。在奋力写这本书的过程中，我经历了四份经过激烈角逐但被拒绝的提案草案和许多手稿草稿。在早期的项目中，例如与其他人一起工作时，我会崩溃；也许我会放弃，与另一个团队合作，或者坚持不懈，直到我的方式被采用并在某种程度上对这本书造成不可挽回的损害。

在我的过程中的某个时刻，我发现了一种治疗装置。每稿完成后，我都会撕掉每一页，并将它们喂到我车库的蠕虫堆肥堆中 - 这使得痛苦的页面变成泥土，滋养我的院子，在那里我可以毫无痛苦地赤脚行走 - 提供与巨大宇宙的直接联系当我的时代到来、大自然将我撕裂时，它最终会夺走我的生命。它提醒我，有一天，当轮到我死的时候，所有这一切也会发生在我身上，当我的生命结束时，大自然会为我做任何她想做的事，并且大自然决定这也会发生。

对我来说最自由的见解之一是在你刚刚读到的这些页面中写作和思考想法时。我意识到，我们的生活应该成为经得起时间考验的"宏伟纪念碑"，这种想法是多么具有破坏性的幻想。任何有抱负的人都知道这种感觉：他们必须完成伟大的事情才能成为有价值的贡献者；否则，他们可能会认为自己是毫无价值的失败者，今生没有救赎的机会。最终，施加的压力太大，以至于一个人最终会在压力下崩溃，或者自己成为压力的受害者。

当然，这并不准确。每个人都拥有巨大的潜力；我们都拥有我们知道可以实现的目标和成就；无论是创办公司、完成创意作品、追逐冠军还是成为各自领域的领导者——这些都是值得的目标，需要努力才能实现。一个破碎的人无法接触到他们。

当我们的自我妨碍、损害这些追求并破坏我们实现目标时，就会出现问题。当我们开始旅程时低声说谎；更糟糕的是，当我们成功时！
自我可以像任何毒品一样：首先沉迷是为了获得优势或减轻罪行；但最终它本身就结束了，让人们暴露在超现实的时刻，比如与多夫通电话时遇到的那些时刻，或者本书中警示故事中描述的那些时刻。

我的工作和生活经历告诉我，自我的大部分影响并不是那么戏剧性；生活中那些屈服于自我的人并不总是"得到他们应得的"，就像我们小时候被教导的那样。不幸的是，事情并没有那么简单。

相反，我最喜欢的书是什么让萨米跑步？巴德·舒尔伯格（Budd Schulberg）的作品紧随其中一位著名人物的结局；描绘了现实生活中的塞缪尔·戈德温和大卫·O·塞尔兹尼克。最终，在这个以好莱坞为背景的故事中，主角在一位迅速崛起的无情大亨之后被召唤去拜访他们 - 最初很钦佩，但很快就对他们所有人不再抱有幻想。

在这个关键时刻，叙述者从他孤独的婚姻、可怕的不安全感和一刻也无法休息的状态中洞察了这个男人的生活。他意识到，对所有违反规则和用于前进的不公平手段进行报复的希望都不会到来；事实上，他一写下这一切就已经开始了。

由于我预料到会发生一些决定性的、致命的事情，所以实际发生的事情是渐进的。他在一场像瘟疫一样席卷他出生地的流行病期间感染了某种疾病。一种疾病慢慢地侵蚀着他，症状不断发展和加剧：成功、孤独和恐惧——害怕所有聪明的年轻人向他走来，试图骚扰甚至威胁他，最终完全压倒他。

自我有多种表现形式。我们难道不害怕成为这样的人吗？

最后，让我透露一件事，希望能让一切圆满。当我19岁的时候，这篇文章被一位早年在娱乐圈取得成功的导师布置为阅读；就像他一样，这本书对我来说具有影响力和信息性，正如他所希望的那样。
然而在接下来的几年里，我发现自己处于与书中所描绘的几乎相同的境地：不仅仅是被召唤到他们的豪华庄园，见证我敬佩的人经历他们不可避免的崩溃；相反，我很快发现自己也即将实现我的目标。

作为证据，当我回顾我的原始副本，为这篇尾声打出这段文字时，我发现页面上写满了我在理智和情感上对舒尔伯格的话的手写回应——然而我做出的选择却让我走上了一条不必要的道路。当时我就觉得扫一扫就够了！

在第一次阅读并记录我对此的想法十年后，这些教训再次以其应有的方式引起共鸣。

俾斯麦曾经说过一句名言，任何傻瓜都可以从经验中学习；关键在于学习别人的经验。当我开始审视自我时，这本书变得更加黑暗；我的自我意识和那些我仰慕已久的人的自我意识相互碰撞——令我震惊和惊讶！

学习新信息时往往需要经验；正如普鲁塔克所说，我们通过经验而不是仅仅通过言语来获得知识。

无论如何，我希望以指导你刚刚读过的所有内容的想法来结束这本书：努力成为更好的商人或女商人、运动员或征服者是令人钦佩的；努力成为更好的商人或女商人、运动员或征服者是令人钦佩的；我们应该努力争取更好的教育、财务安全，以及正如我之前在本书中多次写过的那样，实现伟大的事情。就我个人而言，这是我每天为自己努力的事情。

为人处事做得更好同样令人印象深刻。成为更快乐的人、平衡的人、满足的人以及谦虚无私的人，这些都是令人印象深刻的成就，但往往被认为是理所当然的。最明显但经常被忽视的是，完善我们的个人生活可以直接带来职业上的成功。通常情况下，这条道路是相反的——改善习惯性思维和抑制破坏性冲动不仅仅是任何正派个人的道德义务；做这些事情会让我们更加成功；它们使我们能够安全地航行在野心的危险水域，同时按照野心本身的条件回报所有人！

到这里，你已经读完了这本关于自我的书，你已经从其他人和我自己的经历中看到了有关自我问题的尽可能多的信息。现在是你的选择：你将如何利用所有这些知识，不仅是立即，而且是在未来几年？

在你一生中的每一天，你都会经历三个阶段之一：渴望、成功或失败。在每一点上，当你一路犯错时，你都会面临与自己的斗争。

每天，每一分钟，扫地，直到所有污垢都被收集起来 - 然后再次扫地！

结束

www.ingramcontent.com/pod-product-compliance
Lightning Source LLC
Chambersburg PA
CBHW041832110726
48006CB00020B/2597